LLYTHYRAU BANGLADESH

Llythyrau Bangladesh

Gwenllian Jones

Argraffiad cyntaf: Tachwedd 1998

ⓗ *Gwenllian Jones/Gwasg Carreg Gwalch.*

Rhif Llyfr Safonol Rhyngwladol:
0-86381-543-X

Clawr: Alan Jones

Argraffwyd a chyhoeddwyd gan Wasg Carreg Gwalch,
12 Iard yr Orsaf, Llanrwst, Dyffryn Conwy LL26 0EH.
☎ (01492) 642031

Er cof am John, aeth â fi i grwydro
gan ddangos byd arall i mi.

Rhagair

Gweithio ym Mangladesh fel cynllunydd trefol oedd John, fy ngŵr, yn 1993 pan benderfynasom ein dau gael gwyliau ar ddiwedd tymor John yno. Gan fod Dafydd, fy mab, yn y coleg a Loli, fy merch, yn y chweched dosbarth, gallent wneud yn iawn heb fam am dipyn ac euthum innau at John i Fangladesh. Addasiad o ddyddlyfr a llythyrau a anfonais atynt hwy ac at fy mam yn ystod y cyfnod hwnnw yw'r gyfrol hon. Enillodd y llythyrau Fedal Ryddiaith Eisteddfod Môn yn 1997.

Yr oeddem ein pedwar wedi byw ym Mangladesh pan oedd Loli'n saith, wyth a naw oed, a Dafydd bum mlynedd yn hŷn, ac yr oedd John wedi bod yn ôl ac ymlaen oddi yno lawer gwaith ers hynny. Cynllunydd trefol ar ei liwt ei hun oedd John, wedi gweithio mewn llawer rhan o'r byd a'r plant wedi eu magu a'u haddysgu mewn gwledydd megis Uganda, Kenya, Ynys Mauritius, Kuwait a Qatar. Ym Mangladesh arferent fynychu'r Ysgol Americanaidd ond daeth yn amser i Dafydd wneud ei Lefel O a daethom adref, ein tri, a gadael John i grwydro, gan bicio ato ble bynnag yr oedd ar y pryd, bob hyn a hyn.

Bu John farw yn nechrau 1997, ond wedi cael mwynhad aruthrol o weithio mewn gwahanol rannau o'r byd. Un o gonglfeini ei fywyd oedd gwir gred mewn goddefgarwch rhyngwladol er dealltwriaeth a brawdgarwch, a chredaf iddo ef ei hun, yn ei waith, wneud ei ran.

Gwenllian Jones, 1998

7

Dhaka,
Bangladesh.
24ain o Orffennaf, 1993.

Annwyl Loli,

Dyma ni yma unwaith eto. Mae'r lle'n llawnach nag erioed – pobl,
pobl a phobl ym mhobman. Bob tro y dof yma yr wyf yn meddwl
fy mod wedi hen arfer â'r lle a'i holl erchyllterau, ac na fydd y tro
hwn yn ddychryn – y tlodi, y budreddi, y drewdod a'r broses o
ddygymod a chaledu'r galon. Mae'r un fflems cnoi dail betel hyd
y waliau, pobl yn dal i droi clos ar ochr y stryd, pobl a phlant yn
byw, yn symud ac yn bod ar y stryd, a'r baw a'r gwres llethol a'r
drewdod myglyd. Diawl o le ydi'r wlad a'i thristwch a'i thlodi.
Dywed dy dad fod pethau'n gwella fymryn yma – ni fu newyn
yma ers dros ddeng mlynedd – ac mae graddfa chwyddiant y
boblogaeth ychydig yn is, er bod maint y boblogaeth yn dal i
chwyddo. O leiaf mae yma ddemocratiaeth ac mae Ershad, oedd
yn llywydd pan oeddem ni i gyd yn byw yma, yn y carchar. Wyt
ti'n ein cofio'n cael ein dal mewn traffig yn yr hen dref unwaith,
a'r gwres a'r holl bobl wedi cau amdanom i'n gwylio? Dyna sy'n
dal i drawo dyn fwyaf o hyd – pwysau dynoliaeth; pwysau cant ac
ugain miliwn yn byw mewn gwlad lai na Phrydain sy'n dew o
bobl 'dat wegian.

Fûm i ddim yma ym mis Gorffennaf o'r blaen. Fe fyddet ti a
Dafydd a finnau'n ei heglu hi am Gymru yn ystod misoedd yr haf,
gan adael dy dad druan i chwysu, gwylltio, heneiddio a
gweithio'n galed yma. Nid lle hawdd i weithio ynddo yw Dhaka;
bu bron i dy dad gael ei ladd gan giang o weithwyr yn y swyddfa
dro yn ôl wrth ennill ei fara beunyddiol, ond cei y stori honno
rhyw dro eto.

Yr oedd hi'n hawddfyd arnom pan oeddem yma'n byw
yntoedd? Ond hyd yn oed wedi treulio blynyddoedd cyn hynny
yn y Trydydd Byd, roedd Bangladesh yn wahanol ac yn waeth.
Ond o leiaf fe wyddem o ble'r oedd ein pryd nesaf yn dod, ac yn
fwy na hynny, ei fod yn sicr o ddod, hyd yn oed os mai dim ond
coes cywen fain iawn oedd, a moron a thatws hyd at syrffed. Yr
oedd gweithio yn y gegin yn anodd ddychrynllyd yn y gwres
creulon. Cofiaf deimlo fel petawn yn llawn ffliw ar hyd y bedlam

ac ni allaf ddweud imi erioed ddod i ddygymod â hynny. Byddai chwys yn llond fy llygaid a'r rheiny'n chwyddo nes na allwn weld dim, a synnwyr y fawd fyddai hi wedyn. Bu'n rhaid cael cogydd.

Wyt ti'n cofio'r blawd o Awstralia fyddai'n fyw o gynrhon? Finnau'n gorfod pobi'r bara beunyddiol efo fo, yn gynrhon marw i gyd. Protein da mae'n debyg. Nid yw hyd yn oed y blawd hwn i'w gael erbyn hyn, dim ond y bara melys drwg y mae'r Bangladeshi mor ffond ohono. *Chapati* mae dy dad yn ei fwyta i frecwast erbyn hyn, a finnau'n trio sticio i fanana a phaw-paw. Wrth gwrs, wyddom ni mo'n geni – yn cwyno oherwydd ansawdd torth; o leiaf yr ydym yn cael torth a phopeth arall sy'n dod gyda braint arian.

Dal i ddychryn wrth weld niferoedd y tlodion ond wedi caledu mae fy nghalon, i ryw raddau na allaf ddeall cofia. Sut y deuthum i sylweddoli na ddaw dyn byth i ben â neidio oddi ar y *ricsho* (y tacsi-beic brodorol) i lenwi dwylo pob tlotyn sy'n erfyn am gymorth, wn i ddim. Ac eto, rwy'n sicr y dylswn geisio helpu pawb, ond bod cymaint o dlodion ac anffodusion ym mhob man. Bu adeg pan oedd hyn yn fy mhoeni'n arw – fy mod yn gallu mynd o'r tu arall heibio bron bob dydd. Efallai fod rhywun yn gallu dygymod â phopeth yn y diwedd, waeth pa mor erchyll yw. Wrth gwrs, anwybyddu fy nghydwybod yr wyf wrth beidio mynd â phob tlotyn adref i'w fwydo a'i ddilledu, a toedd hyd yn oed Iesu Grist ddim yn mynd â phobl newynog adref i'w fam eu bwydo. Ond welodd Iesu Grist mo Bangladesh chwaith.

Rhoddais fy nhrwyn allan drwy'r drws yn gynnar y bore 'ma. Dim wedi newid – oglau drwg a gwres tamplyd; y sŵn byddarol, diddiwedd a'r wybodaeth ryfeddol fod miloedd ar filoedd o bobl o'm cwmpas ddydd a nos, a'r aer yn drymaidd a llethol nes gwneud i ddyn deimlo, weithiau, fel petai'r boblogaeth yn llythrennol bwyso arno. Bûm allan am dro wedi i John fynd i'w waith, er, gwyddwn na allwn fynd yn bell iawn oherwydd y gwres, ac oherwydd y dyrfa o blant a fyddai'n sicr o'm dilyn. Yr oedd newydd wneud cawod o law bras, glaw glân rywsut, a phan gododd yr haul wedyn dyma fi allan gan rhyw natur anghofio am eiliad lle'r own i, a chan hanner disgwyl yr oglau da ddaw o bridd ar ôl glaw tyfu yng Nghymru, neu oglau ffrwythlondeb ar ôl glaw yn Affrica. Ond yr un drewdod sydd ym Mangladesh, glaw neu hindda. Ar bennau'r strydoedd o dai cerrig mae'r blychau concrid anferth i ddal gwastraff tai'r 'cyfoethogion', ond nid erys y gwastraff yno'n hir. Mae gweision y tai cerrig yn ei hidlo am duniau gwag, poteli a.y.b. i'w gwerthu am y nesaf peth i ddim er mwyn eu hailddefnyddio! Yna, fe â'r gwir dlodion drwy'r gwastraff i chwilio am esgyrn, pennau pysgod ac ati. Mae'r drewdod heddiw yn gymysgfa o oglau'r biniau hyn, oglau llyn Dhaka, drewdod carthffosiaeth (neu'n hytrach, ddiffyg carthffosiaeth), gwterydd yn llawn swigod byw o fudreddi du a llwyd-ddu'n mudferwi yn yr haul brwnt, a phobl yn gwneud eu busnes ar ochrau'r strydoedd a waliau'r tai. Y gwres wedyn yn gwneud i holl gybolfa'r pair stemio fel swyn gwrach ddrwg.

Mae'r hen gymysgfa o sŵn yma o hyd, ond yn uwch hyd yn oed nag y byddai: yr adeiladu, dobio, malu brics i wneud cerrig mân, canu cyrn miloedd o geir a chanu clychau mwy fyth o *ricshoi* (fy lluosog i ydi hwn – *ricsho/ricshoi*, yr un fath â llo/lloi!) ynghyd â cherddoriaeth – yn Orllewinol a Dwyreiniol, cŵn yn cyfarth, a gwartheg ar y stryd yn brefu yn f'atgoffa'n sicr mai yma'r wyf go iawn. Gwaedda pawb sy'n siarad nerth esgyrn eu pennau; mae'r alwad i'r mosg yn uchel a'r plismyn traffig yn chwythu pibau cryfion, er nad oes fawr neb a wrendy arnynt.

'Sgwn i wyt ti'n cofio hyn oll, 'ta oeddet ti'n rhy ifanc d'wad? Ella gwnaiff ambell i lythyr fel hyn oddi yma dy atgoffa o ran o'th blentyndod.

Wrth imi gerdded o gwmpas yr ynys yn D.I.T.1 (enw'r Cyngor ar yr ynys) heddiw, lluwchiai llwch ac amryfal fudreddi o amgylch y strydoedd yn llwydwyn ac annymunol, ond weithiau, fel ar ôl cawod drom o law'r monsŵn, try'n fwd slafanaidd. Y pnawn yma, gwelais lygoden fawr farw yn gorwedd yn y gachfa a rhyw anifail anhygoel o farus wedi hanner cnewian ei brest, a'i chefn wedi moeli'n binc gwan. Wyt ti'n cofio athrawes i ti'n cael ei brathu gan lygoden fawr mewn siop yma unwaith? Wn i ddim sut mae pobl Bangladesh yn medru dal i fod yn ddigon clên, yn addfwyn iawn a llariaidd, cofia. Fuaswn i ddim yn dweud eu bod yn bobl hapus wrth natur – tydyn nhw ddim. Pwy fuasai, a byw yma weddill eu hoes? Dyw tlodion Dhaka erioed wedi gweld dim ond Bangladesh, felly does ganddynt ddim i'w gymharu â'r lle. Gwelant dai'r cyfoethogion wrth gwrs, ond mae'r un baw yn

11

union y tu allan i giatiau'r rheiny.

Bûm mewn siop fwyd yn D.I.T.1 heno, ac mae rhan ohoni'n gwerthu cig. Eisteddai'r cigydd ar lawr gyda'i gig o'i flaen ar foncyff. Braidd yn fudr oedd y boncyff, a dwylo'r cigydd a'i gyllell yr un mor grawennog. Tra oeddwn i yno, cododd un droed noeth i ganol y darnau lobsgóws ar y coedyn, a defnyddio'i gyllell torri cig i sgleisio ewinedd ei droed! Petaet ti'n mynd i'r farchnad wedyn i chwilio am gig, go debyg ydi hi'n y fan honno. Croga coesau defaid ffres ar raff yn un rhes fel mwclis mawr, melyn, a phob dyn sy'n ryw how feddwl pwrcasu coes las i swper yn cael bodio faint fyd a fynno arnynt, nes bod y shiwad melyn yn ddu o ôl bysedd. (Y dynion sy'n gwneud y neges yma.) Ac nid yw'r fawreddog *Store 82 – Departmental Store* fymryn gwell, er ei bod yn swnio'n aruchel iawn, gan nad yw'r ansoddair yn golygu dim mwy nag un cownter o amgylch ystafell fechan a gwahanol fath ar fwydydd yn cael ei werthu bob tua thair troedfedd o gownter. Torrir y cig pinc yno ar ben y rhewgell, tan lygaid craff y perchennog a'i wallt oren. Wyt ti'n ei gofio fo? Credaf fod y lliwio gwallt yn dynodi ei fod wedi bod ar yr Haj, sef y pererindod Moslemaidd i Fecca, sy'n ddyletswydd ar bob Moslem all fforddio'r daith. Pan nad yw'n gwylio'i weision yn y siop, mae'n llygadu ei lun mawr o Brooke Shields sydd ar y drws. Am ryw reswm, mae digonedd o gnau yno ar y funud, rhag ofn y buasai rhywun eisiau prynu deg pwys o gnau almon, ond yn anffodus, mae ôl dannedd llygod mawr ar y rhan fwyaf ohonynt a chyn eu defnyddio i wneud cacen rhaid torri o gwmpas y tyllau dannedd yn llwyr a cheisio peidio meddwl bod yn rhaid i lygod gerdded dros y cnau cyn rhoi eu dannedd ynddynt. Rwyf wedi eu defnyddio lawer tro cofia – syndod inni i gyd gael cystal iechyd yma. Duw a ŵyr beth sy'n digwydd yn y siop yn ystod y nos, a hon yw siop fwyd orau'r brifddinas!

Yma, o amgylch strydoedd D.I.T.2, mae canolfan siopa bosh Dhaka. Wn i ddim a oes gen ti gof am D.I.T.1, sydd hyd yn oed yn waeth. Mae'n debyg yr af yno fory i'r farchnad. Caf lond fy mol o sŵn a'r prysurdeb ddaw yn sgîl marchnad ffrwythau, llysiau, cig a physgod, a'r holl ddrewdod hefyd. 'Sgwn i pa ddewis fydd yno yr adeg yma o'r flwyddyn? Bydd amrywiaeth eithaf weithiau a digon o berlysiau a sbeisus digon diddorol, a bydd y dyn wyau yn edrych ar bob wy rhyngddo a bwlb trydan gwanllyd i sicrhau nad yw'r cyw wedi tyfu gormod fel na fuasem yn sicr ai cyw neu wy gaem i frecwast y dydd canlynol. Bydd yr hen lygod mawr wedi bod yn gwneud eu busnes yn y sbeisus m'wn, a bydd tatws, nionod, moron a 'longbinsh' (fel y byddant yn galw eu ffa Ffrengig) ar gael os na fydd dim arall. Ar rai adegau o'r flwyddyn byddai'n gywen fain, tatws a 'longbinsh' bob dydd. Ond wrth gwrs, efallai bydd corgimychiaid rhad a blasus yno neu boal (math ar bysgodyn lleol) neu gath fôr. Dywedir bod dros ddau gant o fathau o bysgod llyn ac afon yma, heb sôn am holl ffrwythlondeb Bae Bengal. Arferem edrych ymlaen at noswyl Nadolig i fynd i'r farchnad i geisio pomgranadau ac afalau o Bacistan a mango aeddfed. Yn y gwanwyn byddai'r coed *lychee'n* gwegian dan eu ffrwythau, a banana, pîn-afal a phaw-paw i frecwast a chinio rownd y rîl.

Dyna ddigon o bregethu am heno. Rydym yn mynd allan i swper heno i dŷ ffrindiau John. Dydw i ddim yn eu hadnabod.

Nos dawch am rŵan.
Cariad mawr,
Mami.

Dhaka,
Bangladesh.
25ain o Orffennaf, 1993.

Annwyl Dafydd,

Mae rhywun mae Dadi'n ei nabod yn hedfan i Lundain glamai heno, a daw â hwn yn ei fag, felly mae'n llawer mwy tebygol o'th gyrraedd na thrystio gwasanaeth llythyrau'r wlad hon. Buom yn cael swper yn nhŷ ffrindiau i dy dad neithiwr. Canfod, drwy ddamwain, mai drwy'r ddau yma y bu i John ac Angela Haine gyfarfod a phriodi. Rhyfedd o fyd, a thithau wedyn yn dy dro yn yr un dosbarth â Lucy Haine yn yr ysgol ym Mauritius. Hiraeth amdanat ti a Loli heno ar ôl bod yn sôn amdanoch efo'r bobl yma. Siawns na ffonith Loli'n o fuan i ddweud hanes pawb.

Mae hwn yn wyliau go iawn i mi, gwyliau oddi wrth ddau gasbeth – llnau a gwneud bwyd. Buom allan yn hel yn ein boliau wedyn heno. Bwyd Indiaidd fuo hi a chawsom bryd ardderchog o *naan* go seimlyd (da er hynny), cyw iâr *dopiaza* (dau fath ar nionyn ydi hynny), corgimychiaid tewion a *dhal* da, am bedair punt yr un.

Ar draws hynt a helynt y bol fel hyn, rhaid dweud ein bod yn aros efo Tony Edwards, ffrind a chydweithiwr John, mewn tŷ mae'n ei rentu. Mae mab y dyn sydd piau'r tŷ yn mynd i gael ei grogi am iddo ef a'i gariad ladd ei wraig o. Daeth John â darn o bapur dyddiol adref efo fo heddiw, gyda hanes dyn ynddo oedd wedi torri pen ei wraig ag un waldan gyda rhywbeth, nes i'w phen rowlio ar lawr, am iddi wrthwynebu iddo gymryd ato ail wraig fel y gwna rhai Moslemiaid. Wyt ti'n cofio Miriam oedd yn dysgu yn dy ysgol fach gyntaf di yn Nakuru, Kenya? Roedd hi'n y felan yn arw ryw dro a buom yn hir cyn dod i gael gwybod pam – ei gŵr oedd yn bygwth ceisio ail wraig am fod Miriam yn gwrthod gadael iddo gyffwrdd ynddi pan oedd hi'n feichiog, ac yr oedd hynny bron rownd y rîl. Gwelais stori mewn papur yma echdoe am ŵr oedd wedi lladd ei wraig am ei bod hi'n rhy hyll. I ni, mae pobl y wlad hon yn rhyfedd iawn ar adegau. Clyw hyn mewn llythyr o'r un papur:

This is to inform you with deep regret that I was amazed to see that a naked female picture has found space in your paper. In my family we are five in number regularly reading this paper. How is it possible for

14

me, my sons and daughters to have glance at such a vile, satanic and obnoxious (sic) picture? . . . Such a display is only possible in the lands of 'AIDS' . . . It spoils the character of the young generation and the whole society and tantamount to rape, adultery, dacoity and other nuisances in the country. I therefore urge you to please refrain from indulging in displaying such nuisance in future.

Braidd yn eithafol yntydi? Beth am yr erchyllter hwn mewn papur arall:

Barisal, July 16. The villagers of Gasua under Muladi thana gouged out two eyes of Masud (24) and Malek Mallik (28) on Thursday afternoon. Masud and Malek known to be members of Sharbahara Party were caught by the villagers with two guns when they were trying to extort money from members of the public in Gasua village. The villagers gouged out both eyes of Masud and Malek. Later they were handed over to police.

Meddwl yr ydw i, efallai mai gweld llun merch noethlymun yn y papur wnaeth ddifetha cymeriad y ddau hogyn, ond yr oedd pentrefwyr Gasua'n rhai ffyrnig iawn yntoeddan?

Bu John ynglŷn â chael *visas* inni fynd i India ddoe, a chafodd fyll yno am fod drws y swyddfa *visas* wedi cael ei gau ddeg munud yn rhy fuan. Fe'i hagorwyd ar ôl dwrdio mawr a siawns na chawn ein *visas* heddiw, ryw ben. Yr oedd yn rhaid mynd drwy Lundain i'w cael rhag ofn i *undesirable people*, meddan nhw, fynd i India. Cefaist ti'r un trwbwl yndo, wrth fynd oddi yma gyda thrip yr ysgol i India unwaith, rhag ofn mai Sikh yn mynd o Brydain *via* Bangladesh i India oeddet ti. Yr oedd Sikh newydd ladd Mrs Gandhi, felly roeddent yn ofalus iawn. Fe fuaswn i'n meddwl y buasai dy lun di â'th wallt melyn a'th lygaid glas yn ddigon. Wn i ddim sut y gwyddai Llundain pa mor *desirable* oedd dy dad a finnau chwaith.

Noson ddrwg neithiwr; John â'i drwyn yn rhedeg fel pin dŵr drwy'r nos a finnau â'm brest yn gaeth. Mae Dhaka'n dechrau cael dylanwad arnaf unwaith eto; mae'n hen bryd inni gael mynd am India. Yr wyf wedi darllen pedwar llyfr yr wythnos yma. Ni allaf gerdded o gwmpas y dref am fwy nag awr ar y tro heb fynd i deimlo'n sâl oherwydd y gwres a'r lleithder, a finnau'n un mor ddrwg fy nioddef. Nos Iau yr ydym i fod i hedfan i Galcutta. Mae

15

John wedi trio bwcio lle yno, ond mi wyddost fel mae pethau ffordd hyn ac fe ddywedwyd wrtho am beidio trafferthu trio. Cael gafael ar rywle sy'n o agos i'r awyrennau sydd bwysicaf mae'n debyg, gan y byddwn yn cychwyn o Galcutta i Delhi yn blygeiniol y bore wedyn. Does gen i ddim ffansi'r *Fairview Hotel* fel y tro o'r blaen, efo'i weision yn gwisgo eu menyg gwynion tra oeddynt yn gweini wrth y byrddau, nionod wedi eu berwi i swper, mosgitos yn bla, y lle'n drybola o faw a gwraig y tŷ fel Barbara Cartland yn bowdwr ac yn baent i gyd, a'r blew hirion, duon yn nyth yn y gawod. Ond yr oedd yn goblyn o le diddorol i aros ynddo, fel petai wedi aros yn oes y Raj yntoedd?

> Tawaf.
> Cariad mawr,
> Mami.

Dhaka,
Bangladesh.

26ain o Orffennaf, 1993.

Annwyl Mam,

Dyma ni yma unwaith eto, er ar fin cychwyn oddi yma am India a theimlo'n bur gynhyrfus wrth feddwl am gael gweld Delhi am y tro cyntaf. Teimlad braf iawn ydi cyrraedd lle newydd am y tro cyntaf a phobman yn newydd hollol. Mi wn y buasech chi'n anghydweld. 'Sgwn i fydd Delhi fel Calcutta a'i holl gorneli yn llawn dynol ryw? Mae Calcutta'n waeth na hyd yn oed Dhaka; mwy o bopeth yno rywsut – pobl yn gorfod byw ar bob llathen o bafin, yn cysgu yno, yn ymolchi a llnau eu dannedd ym mudreddi'r gwterydd, yn coginio, bwyta, caru, cenhedlu, geni a magu plant yno. A marw wrth gwrs. Fedra' i ddim disgrifio Calcutta – mae gweld a theimlo'n ddigon. Fûm i rioed yn ei chael hi'n hawdd sôn am y lle wedyn. Wn i ddim a yw dyn byth cweit yr un fath ar ôl bod yno. Hyn yn wir am Fangladesh hefyd ac ni allaf ddirnad bod neb sydd wedi gweld y ddau le yn gallu credu mewn Bod Hollalluog. Gall pobl Bangladesh roddi eu ffydd yn Allah a derbyn eu tlodi fel rhan o'i ewyllys ef, a gall yr Hindw yn India fod yn llawn gobaith dod yn ôl i'r byd y tro nesaf fel rhywbeth y bydd hi'n well arno, os ceidw'n o agos i'w le y tro hwn. 'Fe ofala Allah amdanom' ddywed pobl Bangladesh, ond dydi o ddim yn gwneud.

31° yw'r tymheredd yma heddiw. Yr oedd yn 45° yn Kuwait wrth imi basio. Bu raid imi aros yno am oriau ynghanol nos wrth newid awyren ond cefais gwmni Is-Almaenwr diddorol oedd yn cyrchu tua Bangladesh am wyliau at ffrind iddo. Cawsom sgwrsus difyr iawn uwchben coffi digon drwg. Pan oeddem ni'n byw yn Kuwait, prin y byddwn i'n mynd allan o'r tŷ a'r ardd rhwng y tywydd a'r teimlad annifyr sydd i'w gael o fod yn wraig yn cerdded y stryd yno, hyd yn oed mewn ffrog 'dat fy nhraed a llewys 'dat wreiddiau fy modiau. Yr oeddwn yn diolch yno yn y nos wrth basio mai i Fangladesh yr oeddwn i'n mynd.

Nid y gwres yn gymaint sy'n fy llethu yma yn Dhaka ond y lleithder, yr aer gwlyb a'r tamprwydd anhrugarog. Mae fel byw yn yr ager ym mhig y tegell. Rhowch bâr o esgidiau yn y

17

cwpwrdd ac ymhen wythnos byddant yn glaerwyn o dyfiant, a llwyr ddifethir recordiau, tapiau a llyfrau'n aml. Dua waliau'r tu mewn i'r tŷ gan dyfiant a thry popeth yn wlyb ar rai adegau o'r flwyddyn, hyd yn oed y cyfnasau ar y gwely. O leiaf does dim o'r morgrug gwynion a'u cynrhon barus ar eu cythlwng fyddai'n bwyta ein llyfrau ym Mauritius ac yn berwi yn eu miliynau y tu ôl i bob sgertin yn y tŷ, gan gnewian yn ddiddiwedd yr holl bren oedd yn fframwaith iddo.

Ceisiais eistedd yn yr ardd ddoe i ysgrifennu llythyrau, ond dim ond ugain munud fedrwn i ei ddal. Dim rhyfedd imi fynd yn bur sâl ar ddiwedd fy nhymor byw yma. Mae'r blodau'n dlws a llachar yn yr ardd, yn llawer mwy llachar nag yng Nghymru. Yng ngwledydd poeth y byd – yma yn y Dwyrain, fel yn Affrica – mae hoffter y bobl o liwiau llachar i'w weld yng ngwisgoedd y merched ac yn nhu mewn eu tai. Nid oes lliwiau tawel i natur yma, ni cheir goleuni gwan y cyfnos na lliwiau distaw ac esmwyth y gaeaf a'r hydref yn Ewrop. Gwna'r haul i bopeth edrych yn ddisglair, caled a brwnt.

Pawb yn ceisio codi crocbris tua'r farchnad; finnau ddim yn or-hoff o fargeinio. Plant bach o'm cwmpas ym mhobman yn erfyn am gael cario fy masged (am bris rhad). Yn y fan hyn y dechreuodd prosiect Badda y bûm i'n gweithio arno tra oeddwn yma'n byw. Nyrs o'r Iseldiroedd oedd Ria Timmerman a gwelodd fod rhai o'r plant bach hyn yn dioddef o'r clefri poeth. Gellir marw o'r clafr hwn ym Mangladesh. Aeth Ria â rhai ohonynt adref gyda hi, rhoi bàth a dillad glân iddynt a thrin eu clwyfau. Gall y clefri poeth fynd yn ddrwg a chasglu ac anodd iawn yw cael y doluriau i gau mewn tymheredd mor llaith; daw twymyn yn sydyn, a heb fodd i dalu am feddyg na moddion, gall ladd. Sefydlodd Ria glinig digon tlodaidd mewn cytiau go salw yn ardal dlawd Badda, lle'r oedd cartrefi llawer o'r rhai oedd angen cymorth. Toc, cafwyd pwmp dŵr, mwy o ferched i gynorthwyo a gwasanaeth rhan amser meddyg am ddim. Deuai cleifion yn rhengoedd a buan y sylweddolwyd mai yn ôl y deuent yr eildro â'r un gŵyn, gan mai'r un mor dlawd oeddynt wedyn ar ôl cael gwellhad y tro cyntaf. Rhaid oedd iddynt gael rhyw fath ar waith i ennill *taka* (yr arian yma) neu ddwy i brynu bwyd, a'r adeg yma y dechreuais i ddysgu un ferch i bwytho. Tyfodd yr holl brosiect yn ddiweddarach ac yr oedd gennym ddosbarth o gryn ddwsin o ferched yn gwnïo, dosbarth arall i ddysgu iddynt sut i gael gwerth eu pres o faeth o'r incwm bach wrth fwydo'u plant, yna, yn ddiweddarach, cawsom athrawes Fengali i ddysgu'r plant a'r mamau i ddarllen ac i ysgrifennu.

Ceir traddodiad hir o wnïo a brodwaith yma, a hwnnw'n waith tlws dros ben, er nad oedd ein merched ni'n deall dim amdano. Ni allai Moni, fy nisgybl cyntaf, afael mewn nodwydd yn iawn. Dewisasom wneud gwaith clytio a gwaith smocio gan fod prosiectau eraill yn gwneud llawer o frodio. Rhaid oedd dewis rhywbeth a werthai'n o lew hefyd. Wrth fod byw yn fain wedi bod yn un o hanfodion bywyd ym Mangladesh erioed, mae traddodiad yn y pentrefi o wnïo'r *Kantha*, sef cwilt wedi ei wneud o hen ddarnau sydd ar ôl o bopeth dan haul, yn enwedig eu sarïau. Gwniir hwy'n sownd wrth ei gilydd fel pob clytwaith ond nid oes stwffin iddo, ar wahân i efallai bedwar neu bump sari ar bennau ei gilydd. Pwythir drostynt ar eu hyd, yn stribedi ar stribedi o bwythau plaen, i fyny ac i lawr; rhesi o bwythau mân gyda thua chwarter modfedd rhwng bob rhes, nes bydd y defnydd gwreiddiol bron o'r golwg. Rhydd hyn fwy o nerth ac oes i'r cwilt a gwneir hyn hyd yn oed ar un dernyn mwy o ddefnydd diglytiedig, gan fod y pwythau di-ri yn cryfhau'r defnydd ac yna ni chrycha wrth frodio'n amryliw drosto wedyn. Ceir motifau traddodiadol yn eu gwaith; maent yn hoff iawn o'r rhif tri – tri blodyn ar un goes neu fforch dridant a'i thri phigyn, a motifau eraill fel y blodyn lotws a'i wyth petal, cyff bywyd, a llinellau igam-ogam. Edrychant yn syfrdanol o drawiadol ar y cefndir sydd eisoes wedi'i bwytho.

Drwg gennyf draethu cymaint am y gwnïo, ond mae arna' i ofn anghofio'r pethau hyn oll a difaru'n hen wraig imi beidio eu rhoi ar bapur. Rhowch hwy yn y drôr wiwer a byddant fod byth. Gan mai gweu, yn hytrach na gwnïo, ydi eich diléit chi, dyma stori weu. Pan fydd gwragedd y byd blonegog yn hel eu hen siwmperi clatsh i dlodion y byd difloneg hwn, erbyn y nosweithiau gaeaf digon oer a geir yma ym misoedd Ionawr a Chwefror, eu daffod wna merched tlawd y wlad, gwerthu'r dafedd a phrynu bwyd, os llwyddant i gadw'r arian cyn i'w gwŷr ei ddwyn a'i wario'n ofer yn aml, a mynd i'w gwely (o fath) i gadw'n gynnes, a chenhedlu mwy fyth o blant. Mae stondin mewn un farchnad yma – fe'i gwelais – yn gwerthu dafedd wedi ei ailddirwyn. Mae'r rhain wedi deall y busnes ailgylchu i'r dim ers blynyddoedd.

Ar y nodyn calonogol yna, mae'n amser mynd i'r hwian,

Nos dawch,
Gwenllian.

Dhaka,
Bangladesh.
27ain o Orffennaf, 1993.

Annwyl Loli,

Cynhyrfais yn lân heddiw – gweld cwiltiau tebyg i'n rhai ni ers talwm mewn siop ar *Gulshan Avenue*, a dyma fi'n gofyn i wraig y siop o ble'r oeddynt yn dod. Gan fod ei Saesneg hi bron mor sobor â'm Bengali innau, a doedd ganddi ddim Cymraeg, yr ychydig gefais ohoni oedd, *'Women – our women – in Banangai'*. Rhyw romansho efo fi fy hun oeddwn i. Efallai fod un o'r merched ddysgais i wedi dysgu merched eraill i lunio cwilt, ond yr oedd y gwaith clytio yn y rhain wedi ei wneud ar beiriant – â llaw yr oedd ein genod ni'n ei wneud. Ond roedd gwaith cwiltio'r rhain â llaw. Doedd gennym ni ddim peiriant gwnïo yn y dechrau os cofi, ac roedd y merched wrth eu boddau'n cael mynd â'r darnau adref i'w gwnïo wrth ei gilydd a gwneud rhyw geiniog fach dros ben. Weithiau, byddai'r gwnïo'n dod yn ôl yn drybola, cyn inni brynu byrddau bach rhad iddynt fynd adref. Anodd meddwl am gartref heb fwrdd yntydi? Bu raid prynu sbectol i ambell un hefyd.

Rwy'n peidio mynd i chwilio amdanynt cofia, rhag ofn fod yr holl beth wedi mynd â'i ben iddo, a thorri calon o'r herwydd.

Gwelais y rhyfeddod hwn mewn papur newydd ddoe:

25 die from bite of toad like animal. Rajshahi. June 20. At least 23 people were killed by a kind of poisonous animal resembling toad during last week at char areas in Chapainawabganj district. It is learnt that the animal, all on a sudden (sic), jump on the peole (sic), and bite them and disappcar in the twinkle of an eye. The victims die within minutes.

Mi hoffwn wybod beth ddigwyddodd yno go iawn. Cofia, yr ydw i wedi darllen mewn hen G'narfon and Denbigh am wraig o'r Felinheli yn y ganrif ddiwethaf yn cael pethau fel corgimychiaid bychan yn rhedeg i fyny ac i lawr ei llwnc ac yn cael eu chwydu allan ganddi!

Wedi bod yn sbio ar lyfrau'n y tŷ y bore 'ma. Kim, gwraig y tŷ, sydd yn y Mericia ar y funud, yn dysgu Bengali. Mae'r iaith ysgrifenedig yn edrych yn ddychrynllyd o anodd. *Ami* yw'r gair am fi, ond mae llythrennau'r wyddor yn gymhleth iawn iawn. Mae eu hatalnodi'n wahanol i ni hefyd – llinell syth i lawr yw eu hatalnod llawn, a gŵyr pob Cymro Cymraeg y gair 'bycshîs' a dardd o'r gair Bengali *baksheesh* am gardod, a 'pyjamas' wrth gwrs. *Dadi* yw eu gair am nain ar ochr y fam, a *Nani* ar ochr y tad; *Nana* yw taid ar ochr y fam, a *Dada* ar ochr y tad. *Shit* yw eu gair am aeaf.

Bûm yn darllen cyfieithiad Saesneg o anthem genedlaethol y wlad hefyd. Rabindranath Tagore, prif fardd Bangladesh a Bengal, (sydd yn rhan o India) a'i hysgrifennodd. Er iddo ennill gwobr Nobel yn ei ddydd, wnaeth o ddim ar gorn yr anthem genedlaethol yn sicr! Cyfieithiadau Saesneg o'i waith yn unig fedra' i eu darllen, felly efallai fy mod yn barnu'r geiriau ar gam gan na wn i ddigon am farddoniaeth Bengali i feirniadu. Gallai'r gerdd fod yn ferw cymhleth o ryw system gytseiniol neu gynganeddol am yr hyn a wn i . . .

Fy Mangla aur, fe'th garaf di,
Cân dy awyr, dy awel fel ffliwtiau bob amser yn fy nghalon.

Dyna yw ei dechrau, ac mae hi i gyd rywbeth yn debyg.

Mae'r hen lygaid wedi dechrau ar eu hantics ers ddoe. Mae'r 'ffernols yn cosi a brifo – arwydd pendant ei bod yn amser imi ymadael â Bangladesh a chychwyn am awyr iachach India. Da' i ddim allan heddiw; llwch a chwys yn rhedeg iddynt sy'n dechrau'r miri bob tro. Gan mai ar fynd i Ladakh mae ein bryd ein dau, mae John wedi bod yn holi, ond yn amheus iawn gawn ni ffleit yno o Ddelhi. Anaml maent yn mynd ac mae'r tywydd wedi bod yn bur ddrwg. Ninnau wedi darllen am y lle nes bod y blys mwyaf annioddefol arnom am fod yno. Cawn weld. Wedi gobeithio cael gweld rhyw mini-Tibet gan fod lluniau John ar ôl bod yn Tibet yn dangos rhyw fyd hen a phell nad oedd wedi llwyr ddarfod amdano yn 1987. Cofio gweld pobl o Tibet yn Kathmandu flynyddoedd yn ôl; eu gwisgoedd yn lliwgar a'u crwyn yn ddu o haul, mwg a baw, a'r dannedd bwyta cig yn sgleinio yn yr haul yn awyr fain Nepal. Cofio un yn arbennig â choes fudr o gig melyn yn crogi wrth ei wregys. Fo oedd y dyn mwyaf gwahanol i ni o ran ei holl gefndir a'i fyw imi ei weld erioed, er fy mod wedi byw yr holl flynyddoedd yn Affrica. Wel, cawn weld Delhi beth bynnag, a'r Taj Mahal, y Gaer Goch a'r Diwan-i-Khas:

Os oes nefoedd ar y ddaear,
Hwn yw, hwn yw, hwn yw.
(O'r Berseg, *via*'r Saesneg.)

Dyma hwyl, wedi cael pigiad mosgito yn un llygad erbyn hyn – mae'n bur debyg y caf anferth o glamp o ddolur annwyd ymhen diwrnod neu ddau i gwblhau'r darlun o Gelt pryd golau yn ceisio dod i ben â'r chwysdir (gair dy dad).

Paw-paw i ginio heddiw, ffrwyth blasusaf y byd ar wahân i gyraints cochion. Does gen i fawr i'w ddweud wrth y pîn-afal dyfrllyd, di-flas, na'r mango gor-felys a slafanaidd. Mae'r anferth *jackfruit* o gwmpas, yn lympiau dafadennog drosto fel treip gwyrdd ac yn ddigon drwg. Wyt ti'n cofio *durian* ym Malaysia 'ta? Ei ddrewdod yn gallu codi pwys ar bawb a'r rhybuddion ar furiau lleoedd cyhoeddus, 'Durians not allowed', yn enwedig mewn gwestai. Ond mae pobl Malaysia'n ffond iawn o'r ffrwyth, a welais i erioed bobl yn unman yn bwyta cymaint â phobl y wlad honno. Roeddent yn cnewian bwyd bob awr o'r dydd a'r nos yn Kuala Lumpur, a gwelid hwy'n eistedd wrth eu byrddau allan yn y nos yn aml. Byddai eu gwylio'n bwyta brecwast mewn gwesty yn rhyfeddol, yn reis, nwdls, pysgod, a hynny'n syth ar ôl eu bwyd mwy Gorllewinol.

Clywed stori dda wrth y bwrdd bwyd heno fod rhai dynion yma, sy'n cael condomau am ddim yn yr ymdrech ddiddiwedd i atal poblogaeth y wlad rhag ymchwyddo ar raddfa wylltach a mynd dros yr erchwyn, yn eu defnyddio i fynd i'r farchnad i 'mofyn olew i goginio, os nad oes potyn neu dun ar gael. Wnes i ddim holi ymhellach a oeddynt yn eu defnyddio i'w dibenion gwreiddiol wedyn, neu hyd yn oed cynt efallai! Fel y gwyddost, mae popeth yma'n aml bwrpasol. Cofio'r poteidiau y byddai Noor yn eu dwyn oddi arnom ni ers talwm. Welais i rioed gogydd mor fudr yn fy mywyd. Wn i ddim ai yn ei wallt ynteu yn ei fwyd y rhoddai'r olew. Y peth tebyca yw mai ei werthu am fymryn o arian mân a wnâi. Wna' i byth ddeall pobl y wlad yma cofia, taswn i yma hyd ddydd y farn, ac roedd Noor yn un o'r rhai hynny.

Yr wyf wedi dod i adnabod merch o'r enw Naj sydd wedi cael addysg prifysgol ac sy'n gweithio ar brosiect y bûm yn ei helpu. Cyfarwyddwr cyflogau, prynu a gwerthiant yw Naj ac mae hi'n ferch annwyl a chall, ond ddwywaith yr wythnos â Naj i weld *jin* (yr un fath â'r un yn lamp Aladdin) mewn ymgais i wella poenau ei chlwyf misol. Mae hi'n talu i weld rhyw hen ddyn sy'n cysgu ar soffa mewn tŷ y tu draw i Uttara'n rhywle y tu allan i'r ddinas. *Model town* yw Uttara – ha! Wedi iddi roi arian i ryw ddynes, bydd y dyn ar y soffa yn dechrau ysgwyd a chrynu a thoc daw'r *jin* o rywle a meddiannu ei gorff. Fel y cryna drosto, daw llais y *jin* o'i safn i ddweud wrth Naj beth i'w wneud ynglŷn â'i phroblemau, a pha foddion i'w cymryd. Wn i ddim pam na wêl hi nad yw'r moddion na'r cyngor yn gweithio a'i bod yn gorfod dal i fynd yn ôl dro ar ôl tro. Mae fel petaem ni'n mynd at ysbrydolegwyr mae'n debyg. Geill Naj dderbyn hyn oll ochr yn ochr â'i Moslemiaeth sicr.

Yr wyf wedi bod yn dysgu ryw fymryn o gwiltio a smocio i ferch o Gristion o Mymensing y trip hwn, merch o'r enw Manodini o lwyth y Garo, llwyth a drodd yn Gristnogion gyda'n cenhadon ni. Gwnaeth Manodini ei hun yn llythrennol sâl wrth boeni am iddi golli swynogl i wrthsefyll melltithion a gafodd gan ddyn hysbys yn ei phentref genedigol o gwmpas Mymensing. Yr oedd mor sâl, bu raid i'w gŵr fynd â hi ar daith diwrnod ar y bŷs o Ddhaka i Mymensing i gael un newydd, gan na allai ddioddef bod yn ddiswynogl. Llwyth mamlinachol o dras Mongolaidd yw'r Garo a daw llawer ohonynt i Ddhaka i chwilio am waith. Yn aml, collant eu crefydd, iaith a thraddodiadau ymhen amser a thry rhai o'r genethod i buteinio yn eu tlodi. Erbyn hyn mae cymdeithas wedi ei sefydlu i roi cymorth iddynt.

Ffoniaist neithiwr tua hanner awr wedi pump a doedd neb ond y fi, yr hurtan, yn y tŷ, ac injan ateb y ffôn yn gweiddi dros y lle. Finnau'n dy glywed fel 'taet ti yma'n gadael dy neges ar y sglyfath peiriant, ac er chwarae a chybolan efo'r ffôn, fedrwn i mo d'ateb. Technoleg o ddiawl – fe fuasai'n well gennyf fod heb wybod mai chdi oedd yna. Hiraeth wedyn.

        Nos dawch am rŵan.
        Cariad mawr,
        Mami.

Dhaka,
Bangladesh.

28ain o Orffennaf, 1993.

Annwyl Dafydd,

Yr oedd llais Loli ar y peiriant ateb yn swnio'n ddigon hapus a bywiog, ond er ponshan a gwallgofi efo'r diawl injan, methu cael gafael ynddi wnes. Y newyddion yma heno yn sôn am law a llifogydd trymion yn India – gobeithio na chlyw Nain neu mae perygl iddi anghofio pa mor fawr yw India!

Wn i ddim pam mae India mor wahanol i Fangladesh, ac eto mor debyg. Mae rhyw fywyd ac afiaith yn India nas ceir mohono ym Mangladesh yntoes? Wn i ddim ai'r gwahaniaeth rhwng Moselm a Hindw yw, ond mae hynna'n ateb rhy syml mi wn. Mae rhyw dristwch pobl wedi blino ac wedi eu llethu yma nad yw i'w weld hyd yn oed yn nhlodi gwaethaf Calcutta. Mae rhyw awch am fyw yno rywsut. Ond dioddefaint y fan yma sydd wedi gwneud yr argraff fwyaf arnaf fi wrth gwrs, wedi'r holl oriau a dreuliais gyda'r merched gwnïo. Lluniau ddaw i'm meddwl. Efallai fod gennyt tithau dy luniau, arogleuon a theimladau Bangladeshaidd hefyd – mae'n siŵr fod. Cofiaf edrych allan drwy ffenest bỳs yr Ysgol Americanaidd pan oeddwn ar ddyletswydd *Bus Mother*. (Pam mae'r Americanwyr yn mynnu rhoi hen enwau gwirion ar bob dim d'wad? Pam na chawn i fod yn ddim ond dynas ar ddyletswydd? Er, mae'n bur debyg mai *Bus Parent* sydd ganddynt erbyn hyn.) Gwelais blentyn tua wyth oed yn sefyll ynghanol budreddi bin concrid gan godi ei law i ddangos ei drysor i'w ffrind llai – pen, asgwrn a chynffon pysgodyn, fel oedd gan *Korky the Cat* ers talwm. Fe wnâi bryd iddynt. Anghofia' i byth yr hapusrwydd ar ei wyneb main. Gwelais ferch ifanc unwaith yn begera ymysg llawer un tlawd arall yn ymyl y farchnad. Yr oedd wedi dioddef llosgiadau ofnadwy rhwng ei gên a'i brest, a chan nad oes meddyg nac ysbyty yma heb arian, heb feddyg nac ysbyty y gadawyd y cwbl i geisio sychu a gwella ohono'i hun. Wn i ddim sut y medrai sefyll ar ei thraed gan faint y briwiau, a'r slafan o lymff oedd yn rhaffu a chroesi fel mwclis hyd ei gwddf briwedig o'i gên yn llinynnau i'w bron. Wnâi o byth grachennu yn y gwres – byddai'n sicr o fynd yn ddrwg, ei gwenwyno a'i lladd.

26

Gwelais yr hen gono'r rowliwr ddoe. Mae'n dal i rowlio'i blât cardota tun yn ei law, heb bwt o goes o gwbl, ac mae'r un efo'r mymryn pren ar bedair hen olwyn pram yn dal i sbîdio ar ei fol ar y certyn hwnnw o amgylch Gulshan. Synnaf at eu gallu di-bendraw i wneud y gorau o'r gwaethaf. Wrth aros wrth olau coch yn Banani echdoe, daeth stwmp braich yn llythrennol i fy wyneb drwy'r ffenest agored. Roedd hanner isaf y fraich wedi ei thorri i ffwrdd. Gwn fod yna falurio ac anffurfio plant er mwyn eu defnyddio i gardota, ond amhosib gwybod faint o hyn sy'n cael ei wneud wrth gwrs.

Arferai rhyw ddyn od iawn ddod i ddrws ein tŷ ni tra oeddech chi'n yr ysgol, i swnian am arian. Wnes i rioed ddeall yn iawn at beth yr oedd yr arian yn mynd. Honnai, mewn eithaf Saesneg, mai hel yr oedd at gartref plant amddifaid yn rhywle yn y wlad. Cristnogion, meddai, oedd yn gofalu am y cartref, ond credaf fod crefydd y gofalwyr yn newid ganddo yn ôl crefydd a lliw y bobl yr oedd yn swnian arnynt. Ar yr un gwynt, erfyniai am arian iddo'i hun, gael iddo fynd yn ei flaen i wneud y gwaith pwysig o hel. Daeth unwaith gan ddweud i fodur ei drawo ac fel y bu bron iddo farw, ond drwy wyrth rhyw feddyginiaeth nad oedd i'w chael ond mewn chwistrelliad nodwydd, fe fu fyw, o ddal i gymryd y cyffuriau gwyrthiol. Y drwg oedd fod y cyffuriau'n sobor o ddrud. Aeth mor bell â dangos imi lond ei fag o'r cyffur. Erbyn hyn, rwy'n amau mai ei werthu yr oedd – roedd ganddo chwistrellau lawer yn ei fag. Fodd bynnag, ei helpu i helpu'r plant amddifaid y byddwn bob mis, a byddai'n dal a dal i ddod. Mae'n debyg fod y *chowkidar* (y gŵr a wyliai giât y tŷ am dâl bychan gan y perchennog gan sicrhau na fyddai gormod o dlodion yn cael mynediad) yn cael cyt am adael iddo ddod i mewn. Teneuo wnaeth dyn y cyffuriau'n raddol bach ac weithiau edrychai'n druenus, er bob amser yn drwsiadus iawn, ond y tro olaf y daeth roedd yn denau fel ysgraff a gwedd y bib arno. Mae'n siŵr mai marw a wnaeth.

Brynhawn Gwener daeth giang o fechgyn blewog yn eu harddegau i'r drws yma yn eu dillad mosg, claerwyn, yn syth ar ôl eu capel. 'We are Muslim boys,' oedd eu cân. 'Please help with our Koran education.'

Ddoe, ar lechen (wel, marmor) y drws, yr oedd y llyffant brown dafadennog mwyaf a hyllaf a welais erioed yn eistedd yn bowld a phwysig yn un o'r potiau blodau. Yr oedd tua maint pêl-droed, heb air o gelwydd. Bu raid ei gario yn ei bot i ben draw'r ardd – gelli fentro nad fi wnaeth – a'i ollwng i chwilio am wely gwell.

Wn i ddim pam, ond bob tro y daw hi'n amser imi adael Bangladesh, gwn y byddaf yn dod yn ôl eto. Yn un peth, mae dy dad yn gadael llond bocs o'i drugareddau yma ar hyd y bedlam ac rwy'n edrych ymlaen at ddod yn ôl bob tro – dyn a ŵyr pam. Anodd credu imi unwaith, ddeng mlynedd yn ôl, ddod yma i fyw, a mwy na hynny ddod â Loli a thithau yma a'n bod ein pedwar wedi bod mor hapus ac iach yma, ar wahân i ddysentri gest ti a John, a'r hepatitis gafodd o hefyd. Anodd credu hefyd imi grio wrth fynd oddi yma i fyw, ond ar ôl y merched gwnïo yr oedd hynny. Cynilasant yn eu hangen anferth i roddi cinio ffarwél i Loli a minnau. Yr oedd yn ginio Bengali traddodiadol – cyrri pennau pysgod – a does gan y sawl na chafodd erioed gegiad o gyrri pennau pysgod mo'r syniad lleiaf pa mor ddrwg yw, ond bu raid gwenu a brolio a chnewian a gofyn am fwy gan fod y genod yn werth y byd.

Yn ôl erthygl a ddarllenais yn yr *Economist* yn ddiweddar (ia – fi! Dy dad a'i rhoddodd o flaen fy nhrwyn mae'n siŵr), mae gobaith gwell i economi Bangladesh ar y funud, oherwydd yr holl ffatrïoedd dillad sy'n agor yma. Mae popeth yn gymorth mewn gwlad lle mae deugain a phump y cant o boblogaeth o gant ac ugain miliwn yn byw dan y ffin dlodi. Mae dros wyth gan mil yn gweithio yn y lleoedd hyn yn y trefi, a mwy wedyn yng nghefn gwlad. Mae canran y merched sydd mewn gwaith ffurfiol (h.y. yn hytrach na gwaith y cartref neu'r fferm) wedi codi deirgwaith yn ddiweddar, a bydd wedi cyrraedd pump ar hugain y cant erbyn diwedd y degawd. Gobeithir yn awr y bydd hyn o gymorth i wella llythrennedd ymysg merched. Yn ôl ystadegau'r llywodraeth dywedir mai deunaw a hanner y cant yn unig o ferched Bangladesh all ddarllen ac ysgrifennu ond mae'n bur debyg fod y ffigwr gwirioneddol yn llawer is. Gall cael gwaith fel hyn fod o fantais mewn dod â mwy o ofal gydag atal cenhedlu hefyd. Merched ifanc yw'r mwyafrif sy'n gweithio yn y ffatrïoedd hyn a chan nad yw'r cwotaon allforio rhyngwladol mor ffyrnig ar Fangladesh hyd yn hyn, fel yn Tsieina a Sri Lanka dyweder, mae allforio mawr o Fangladesh i America. Yr wyf wedi bod mewn ambell un o'r ffatrïoedd – un a oedd yn perthyn i gwmni o Korea, un i gwmni o'r Iseldiroedd ac un arall o'r Almaen. Maent yn llawer iachach lleoedd rŵan nag oeddynt pan welais i un gyntaf gryn ddeng mlynedd neu fwy yn ôl. Wrth gwrs, maent yn fannau digon annymunol i ryw raddau – poeth a chwyslyd – ond nid *sweat shops* mohonynt. Ni fuasai'r merched hyn mor wirion â cheisio gweithio'n gyflym yng ngwres y wlad hon; maent yn gallach na hynny. Gan fod bron i bawb yn y wlad yn Foslemiaid anffwndamentalaidd o sect y Sunni, ni cheir yma yr ymgecru crefyddol ac ethnig a geir 'dat daro mewn gwledydd fel Pacistan a Sri Lanka, a hyd yn oed India i raddau.

Roeddwn i wedi anghofio pa mor dwyllodrus yw'r haul yma. Edrychai'n bnawn mor braf ac fe'm denwyd allan i'r ardd. Roedd yn ddelfrydol. Setlais i lownjio'n braf gan feddwl mai fel peth hyn yw gwyliau i fod. Cau dy lygaid, Dafydd, a thria gofio. Mae'r ardd yn berffaith, yn llawn palmwydd a blodau ar lan y llyn, gydag awel ysgafn ynghanol y gwres yn chwa adfywiol oddi ar y llyn tawel. Hwyr y prynhawn yw hi, a'r gwres wedi disgyn fymryn – wel, o 90° i 88°, ond gŵyr unrhyw un sydd wedi byw yma nad yw hyn yn golygu unrhyw fath ar nefoedd. Y gwir yw, wrth imi eistedd dan y palmwydd a'u stwyrian, aeth fy nghroen, ymhen pum munud, yn wlyb domen dail a'r chwys yn dylifo i lawr fy nghorff nes yr oedd fel petai'r cnawd yn dechrau coginio, yn mwydo drwyddo'n y modd mwyaf anghysurus. Roeddwn yn stici drosof – anghyfforddus ac annymunol goblyn. Diolch nad yw'n dymor mosgitos, gan mai dyma'r adeg o'r dydd mae'r cythreuliaid bach yn ei garu. Ond na hidier, mae rhywun ddaw yn lle pawb a dyma haid o fân forgrug ar berwyl drwg yn dringo i fyny fy nghoesau. Yr oedd adar bach yn canu'n y coed ond boddid eu cân gan hen frain hyllion, crawcus a barus, a dynion yn dobio wrth adeiladu tŷ y drws nesaf, gan weiddi ar draws ei gilydd yn y fargen. Yna miloedd o geir a beiciau yn canu eu cyrn a'u clychau am yr uchaf eu sŵn, a lleisiau pobl yn gweiddi ym mhobman o gwmpas. Pobl ochr yma i'r llyn yn cael sgwrs â'r bobl ar yr ochr draw gryn hanner milltir i ffwrdd. Bu cystadleuaeth gref rhwng dau addoldy hefyd – mae saith can mosg yn Dhaka. Gweddïau ar gân oedd hi y pnawn 'ma, wel, rhyw hanner cân neu lafarganu; darlleniad o'r llyfr sanctaidd oedd o bosib. Pregeth go hegar a haerllug wedyn o'r mosg arall cyfagos a chodai drewdod o'r llyn, a rhedai chwys yn ffrydiau i'm llygaid gweinion.

O India y daw'r llythyr nesaf mae'n debyg.

Cariad mawr,
Mami.

Annwyl Mam,

Wedi bwrw'n ofnadwy neithiwr. (Meddwl y buaswn yn dechrau llythyr yn union fel y byddwn yn dechrau un o'n sgyrsiau ffôn dyddiol.) Mae yma wynt hyd yn oed heddiw 'ma. Anodd yw credu gymaint y geill fwrw yma pan ddaw adeg y monswn. Gwers fach ddaearyddol ichi rŵan! Mae Bangladesh ar ddelta, fel y gwyddoch, a rhed dŵr iddi o'r holl afonydd sy'n y wlad, rhai ohonynt yn llifo'n syth o'r Himalaya. Gwlad wastad yw gyda dim ond prin ddeg y cant neu lai o'i thir yn codi'n uwch na chan troedfedd, nes bo dŵr, fwy neu lai, yn rheoli bywyd yma. Ni ellir defnyddio chwarter ei thir drwy'r flwyddyn gan ei fod dan ddŵr oherwydd llifogydd. Cofiaf gael cenllysg yma unwaith a phob un ohonynt gymaint â phêl ping-pong, heb air o gelwydd! Yr oedd John yn Rajshahi neu rywle am ychydig ddyddiau efo'i waith ar y pryd ac roedd y plant a finnau'n ofni na fuasai'n ein credu, felly cadwasom belen yn y rhewgell nes iddo ddod yn ei ôl. Tir hollol wastad felly yw deg a phedwar ugain y cant o'r wlad ac yn aml dim ond ychydig droedfeddi uwchlaw'r môr, a chan fod y pridd yn gleiog a thrwm, sugna'r dŵr yn sydyn. Yna mae angen dyfrhau'r tir yn aml. Yn y delta ei hun ceir llifogydd diddiwedd a thonnau llanw o'r môr. Collir bywydau, tai a bywoliaethau bob blwyddyn. Arferai ein meddyg ni ddiflannu i dde'r wlad pe bai storm wedi bod; byddai yno i gynorthwyo.

Wel, hel ein pils am y wlad fawr fydd hi fory. Byddwn yn gwthio tua'r maes awyr drwy'r begeriaid a'r plant tlawd i gyrraedd yr adeiladau, gyda'r un hen deimlad o euogrwydd trwm unwaith eto. Cawn fynd o'r holl sŵn – sŵn di-dor miloedd o bobl yn siarad yn rhy uchel, sŵn traffig anhygoel a'r alwad i weddïo bum gwaith y dydd, a'r galwadau erbyn hyn drwy uchelseinyddion pur gryf. *Namaz* yw'r gweddïo, boed ddyddiol, bob dydd Gwener neu ar ŵyl megis *Id*. Y *Sharia* yw'r ddeddf sanctaidd; *Din* yw dilyn y ffordd honno, ac *Islam* yw rhoi'r hunan i'r ffordd honno.

Mae dathlu geni, priodas a marwolaeth yn bwysig iawn i'r Moslemiaid. Pan enir baban, sibrydir yr alwad i weddïo yn ei glust dde, ac yna ddechreuad y weddi yn ei glust chwith. Saith niwrnod yn ddiweddarach ceir seremoni enwi'r plentyn, sef yr *Aqiqa*, a dangosir y baban i'r teulu a'r ffrindiau agosaf a'i enwi fel arfer ag enw un o deulu'r Proffwyd neu enw arall o'r Coran. Dethlir plentyndod mewn dwy seremoni: y naill pan fo'r plentyn yn bedair oed a'r llall pan fo rhwng saith a deuddeg. *Bismallah* yw'r gyntaf, ar amser dechrau addysgu'r plentyn pan fo gofyn i'r plentyn adrodd fformiwla *Bismallah*, sef, 'Yn enw Duw y trugarog a'r tosturiol', a geiriau cyntaf Duw wrth y Proffwyd. Yna, rhwng saith a deuddeg oed, fe enwaedir bechgyn.

Nikah yw'r gair am briodas ac mae'n seremoni grefyddol bwysig iawn. Cytundeb yw yn hytrach na sacrament, ond mae'r pâr yn addo ffyddlondeb i Dduw yn ôl dysgeidiaeth y Coran. Caiff cariad a pharch le amlwg, ynghyd â'r gofal am y plant.

Marwolaeth ddaw olaf wrth gwrs, a cheir cyffes ffydd ar wely angau pan fo hynny'n bosib. Gan mai 'Duw' yw'r gair cyntaf a glywodd y baban, 'Duw' ddylsai fod y gair olaf iddo'i glywed hefyd. Golchir y corff y munud y bydd rhywun farw; fe'i rhoddir mewn amdo a'i gladdu'n ddi-arch gynted â bo modd ar ôl gwasanaeth yn y mosg, er mwyn iddo gael mynd i'w haeddiant a'i ddedwyddwch gyda Duw ar fyrder. Mae'r un mor hanfodol ei gladdu'n sydyn oherwydd y gwres, gan nad yw corff marw'n ddymunol iawn mewn gwlad mor boeth. Cleddir ef â'i wyneb tua Mecca wrth gwrs.

Nid oes gan y Moslem gywilydd mynd ar ei ddeulin i weddïo'n unman. Yn aml, rhoddir iddynt y sedd wrth y drws canol ar awyren os ydynt yn dduwiol iawn, lle mae digon o le o'u blaenau iddynt benlinio pan ddaw hi'n amser gweddïo. Gellir prynu cwmpawd bach i wybod bob amser i ba gyfeiriad mae Mecca. Fe'u gwelir yn gweddïo'n unigol, yn ddeuoedd neu'n dwr gyda'i gilydd yn y lleoedd rhyfeddaf a mwyaf annisgwyl. Wrth weld gweithwyr o wledydd tlawd y Dwyrain yn cyrraedd Qatar a Kuwait i weithio, a'u gweld yn dad-rowlio eu matiau gweddïo sy'n rhan hanfodol o'u pils, a syrthio ar eu gliniau yn y fan a'r lle, byddwn bob amser yn meddwl am ein genethod ni'n mynd i weini byddigions i Lerpwl a Manceinion a chwilio am gapel Cymraeg yn un o'r pethau cyntaf yr oedd yn rhaid ei wneud. Mae'n debyg fod Manceinion, a Llundain yn enwedig, lawn mor anghysbell i eneth o Lŷn neu Eifionydd ag yw Qatar i fachgen o

Chittagong yn y gogledd yma heddiw. Arferai Nain Ffôr ddweud am yr holl fyd fel rhywle 'y tu draw i Lundan'. Cofiaf unwaith fynd i'r anialwch yn Kuwait ac ar ben y bryncyn mwyaf dinabman yn y byd goelia' i, yng nghanol yr anialwch tywodlyd rhywle tua'r ffin â Saudi Arabia, yr oedd pabell fechan wrth feis neu dap ar y beipen olew anferth oedd yn nadreddu drwy'r diffeithwch. Yn y babell, fel dau wedi dengid o'r Hen Destament, yr oedd dau ŵr o Bacistan a'u gwaith oedd edrych ar ôl y beipen, am wn i. Welais i erioed y fath le, na'r fath swydd, na'r fath lojings oddi cartra, ond edrychent yn ddigon hapus yno. Wrth gwrs, pan aent adref i Bacistan â llond eu pocedi, byddent yn ddynion mawr yn eu pentrefi a digon o arian i agor siop fechan neu gychwyn busnes. Ond y boen o wneud yr arian – buasai gŵr o'n Gorllewin gwyllt ni'n drysu yno.

Dyma lythyr sych yntê – mae fel bwrdd du! John a finnau'n iawn; fi'n dioddef oherwydd y gwres a'r lleithder a John yn morio ynddo. Bwyta dipyn o fwydydd diddorol ddigon, ond dim deiarîa hyd yn hyn. Dim ond weithiau yr ydw i'n cael cinio canol dydd yma! Mae rhyw was (mae degau ohonynt yn y tŷ hwn) sy'n debyg iawn i Capten Pugwash gynt yn dod â chinio ar hambwrdd imi weithiau os yw ei wraig yn teimlo fel berwi wy imi, ac yntau'r Capten yn teimlo fel un ai dweud wrthyf fod rhywbeth i'w gael, neu ei ddanfon. Gwell gennyf hebddo na'i phowldio hi i ganol cegin fach rhywun arall. A phan neu os y daw, wy, tôst a choffi fydd hi, neu efallai sleisen flasus o baw-paw.

Fe sgwennaf o'r India bell.

Cariad mawr,
Gwenllian.

Yma o hyd.

30ain o Orffennaf o hyd.

Annwyl Loli,

Waeth faint o weithiau y dof yma, ddeallaf i ddim sut mae pobl y wlad hon yn meddwl. Rhaid ceisio ystyried eu cefndir crefyddol, daearegol a hanesyddol fel pawb arall. Mae iddynt ganrifoedd o hanes gwaedlyd fel ninnau ac mae eu hanes diweddar yn waedlyd hefyd. Mi wyddost fel yr enillodd India ei hannibyniaeth ac fel yr oedd Bangladesh yn rhan o India'r adeg honno. Pan gafodd India ei hannibyniaeth, poethodd yr ymrafael rhwng yr Hindwiaid a'r Moslemiaid ac yn Awst 1947, crëwyd Pacistan yn gartref i'r Moslemiaid. Yr oedd dwy ran ddaearyddol i'r Bacistan gynnar hon, sef gorllewin Pacistan (lle mae Pacistan heddiw) a dwyrain Pacistan, sydd erbyn hyn wedi mynd yn annibynnol ar Bacistan ers Mawrth y 25ain, 1971, ac a elwir Bangladesh, ar ôl rhyfel cartref gwaedlyd iawn. Bu raid i India ymyrryd i ddod â'r rhyfel i ben. Costiodd y rhyfel yn ddrud iawn i Fangladesh; lladdwyd rhwng un a thair miliwn o bobl (dim ond amcangyfrif sy'n bosib) a bu colled mewn difrod i adeiladau ac yn y blaen o un biliwn o ddoleri Americanaidd. Ond crëwyd gwladwriaeth Bangladesh.

Darllenais gerdd ddoe yn dweud bod gan grëwr Bangladesh arogl y gwaddotir yn ei ddwrn. Hoffi hynna. Ac mae ryw oglau mwll, tamp a mwdlyd o gwmpas yma'n dragwyddol a phawb yn chwys domen dail. Dywed un o ganeuon gwerin Bangladesh fod diferyn o chwys yn disgleirio fel diemwnt.

Mae mosg newydd yn cael ei adeiladu nid nepell o'r tŷ yma, a ddoe daeth amser gweddïo fel yr oeddwn yn mynd heibio. Ar do agored y llawr cyntaf y gweddïai'r gweithwyr – yn rhesi o ymgrymu isel, wedi cau eu meddyliau a'u clustiau o sŵn byddarol y stryd oddi tanynt ac yn eu hagor i ryw fyd arall anweledig. Rhyfedd eu gweld felly yn eu dillad gwaith, a minnau'n arfer eu gweld yn eu dillad Gwener gwyn yn mynd i'w capel.

Mi sgwennaf o'r India. Cariad mawr, a chofion at Morgan a Magwen os ydynt wedi cyrraedd i warchod efo chdi erbyn hyn.

Mami.

9 p.m. ym maes awyr Dhaka.
31ain o Orffennaf, 1993.

Annwyl Dafydd,

Pwt bach o un o fannau mwyaf diflas y byd, er bod y meddwl yn berwi a chynhyrfu wrth feddwl am fod yn India eto. Biti na faset ti a Loli efo ni. Rydym yma ers chwech o'r gloch ac yr oeddem i fod i hedfan i Galcutta hanner awr wedi saith. Hanner awr wedi saith o ddiawl. Dywedasant wedyn mai hanner awr wedi wyth y buasem yn hedfan, ond wedyn aeth yn hedfan am naw, ac yma'r ydym yn dal i ddisgwyl. Os aiff hi'n llawer iawn hwyrach fydd waeth inni heb na meddwl am adael maes awyr Calcutta, gan ein bod i fod i hedfan i Ddelhi am saith yn y bore. Mae'r TV'n gweiddi dros y wlad a phawb sydd yma, ond John a fi, yn gweiddi siarad. Gwelais stori ryfeddol yn un o'r papurau newydd yma, am ddyn o Faridpur oedd wedi dyfeisio atodiad gwyrthiol, ond da i ddim, i'w roi ar deledu. Pan ddechreuai'r telediad cyntaf yn y bore, cychwynnai ei deledu yntau heb i neb gyffwrdd ag ef, a diffoddai ohono'i hun gyda'r nos yr un modd. A mwy, a gwaeth na hyn hyd yn oed, pe bai sŵn uchel yn y tŷ, codai sŵn y teledu nes bod yn uwch na phob sŵn arall yno, a distawai wrth i'r teulu ddistewi. Wn i ddim ai gwir hyn ai peidio, ond mae'n stori dda, a buasai byw yn y tŷ hwn yn uffern ar y ddaear greda' i.

Yr ydym newydd gael swper o baned o de a chacen slaban felen fel y *Scribbona* fyddai yn Stôr Trefor yn y pedwardegau. Cafodd John ddwy baned – mi wyddost pa mor gas ydi gen i'r stwff. 'Mami, paid â bod yn goman,' ddeudi di rŵan, ond rydw i'n rhedeg fel tap ers y bore 'ma. Hufen iâ neithiwr sy'n cael y bai. Cefais ddamwain hyll yn y lle chwech. Fedrwn i ddim ista ar y sedd rhag gorfod bod yn rhy agos i ban-peti orlawn. Roedd yn sglyfaethus, ond roedd yn ddewis rhwng y pan a'r twll du yn y ddaear y mae pobl y Dwyrain yn ei hoffi, ond yr oedd y lle traed yn y fan honno yr un mor fudr. Doedd dim amdani ond gamfa led dros y pan a thrio êmio orau allwn i. Bu'n dipyn o boitch ond gwell imi beidio manylu. Wrth gwrs, nid oedd papur na dŵr yno a bu raid imi dyrchu i'm bag am hances dyn. Nid oedd bin yno a fedrwn i ddim meddwl taflu'r hances fudr ar lawr – nid yn gymaint am fy mod yn lân a dim ond ychydig mwy o fudreddi fuasai un hances boced fudr ynghanol y mochyndra mawr, nac ychwaith am fy mod mor ddarbodus na allaf daflu hances, ond am fod dy enw di wedi ei wnïo ar un gongl. I'r bag y cafodd hi fynd, i ganol gweddill y rwtsh, wedi ei chyrlio'n un bêl fach fudr. Peth od na fuasai yno bowlenaid neu fwcedaid o ddŵr i ymolchi hefyd.

Mae rhywun wrth ein hymyl yn hel fflems traddodiadol yn ei wddf y funud yma, yn barod am homar o grach-bwyriad i r'wla-r'wla ar lawr gelli fentro. Fasa'n well i mi, lân fel ag yr ydw i, gynnig benthyg fy hances iddo?! Mae rhyw ganu annaearol yn dod o ryw flwch dioddefaint yn rhywle hefyd. Mi wyddost nad yw'n dda gen i gerddoriaeth o unrhyw fath, ond mae hwn yn ymylu ar fod yn waeth na deuawd cerdd dant hyd yn oed. Pawb at y peth y bo. Mi wn fod y crach-bwyri'n rhan bwysig o grefydd a diwylliant y Moslem ac yn deillio o'r ffaith fod angen ymolchi'n drylwyr cyn addoli, ond maent yn tueddu i wneud hyn yn llawer amlach nag y maent yn addoli. Mi wn fy mod i'n ddrwg fy nioddef, ac yn aml yn ei chael hi'n anodd derbyn rhai agweddau ar ddiwylliant pobl eraill, ond caf hi hyd yn oed yn anos weithiau i dderbyn rhai agweddau ar ddiwylliant fy mhobl fy hun. Ifanc oeddet ti pan oeddem ni'n byw yng Nghatar, a dim ond lled lôn fach gul rhyngom ni a'r mosg, dim ond digon o le i'r lorri ddŵr ddod i lenwi ein tanc bob hyn a hyn. Arferai addolwyr y gweddïau pedwar o'r gloch y bore fy neffro yn eu paratoadau gyddfol bob nos. Uchafbwynt ein hwythnos yno oedd ein hymweliad â siop llyfrau Saesneg lle caet ti gomic a sbio ar fodelau Lego. Yna i siop fwyd, ac weithiau, fel braint fawr, caem dun mawr o dafod pinc. Daw dŵr i'm ceg yn y lle eroplêns wrth feddwl amdano.

Wedi deg erbyn hyn ac yma o hyd. Celwydd noeth oedd y gair *boarding* oedd yn fflachio ychydig yn ôl, gan mai dim ond ein symud o un ystafell aros i ystafell aros arall un llawr yn is gawsom ni. Mae yma giang o lafnau swnllyd sobor, ac un yn dangos ei hun yn arw drwy dorri gwynt yn uchel iawn bob munud, gan weld ei hun yn dipyn o gesyn, a'r lleill – y mets – yn ei fawr edmygu. Byddaf wrth fy modd yn gwylio jarffod yn mynd drwy'i pethau. Rwyf yn ein cofio'n cael modd i fyw ar y bỳs rhwng Kathmandu a Pokhara'n gwylio'r dyn hel ticedi'n dangos ei hun, yn hongian gerfydd un llaw drwy ddrws y bỳs cyn poeri i'r lôn yn glyfar i gyd, ac yna rhyw led-sbio i weld a oedd rhywun heblaw fo'i hun yn ei weld yn dipyn o ddyn. Gofalai ei fod yn neidio o'r bỳs ychydig lathenni cyn iddo aros hefyd, a neidio arno ar ôl iddo gychwyn bob tro, gan ei fod, fel arfer yn dal i dynnu ciprins ar ryw genod yn ymyl.

Hanner nos. Yn y gwely yn yr *Hotel Titumeer* yng Nghalcutta. O'r diwedd. Cyraeddasom Galcutta tua hanner awr wedi deg a chymerasom oriau i newid arian, cael tacsi a gwesty. Glanio yma, yn y *Titumeer*, gan nad yw'n bell o'r maes awyrennau a chan ei fod yn rhesymol ei bris. Lle digon diddrwg-didda – wel, digon hyll a dweud y gwir, ond mae'r gwely'n lân er ein bod yn camu o'r gwely'n syth i byllau dŵr! Mae hi wedi bwrw cymaint a'r glaw wedi dod i mewn, a neb wedi breuddwydio'i sychu o. Ta waeth, wedi brechdan ddrwg a chacen fel *murram* (y pridd coch sych sy'n Affrica) ar yr awyren, coronwyd y cyfan â photel o *Thums Up* (sic) yn y gwely yn y *Titumeer*. *Coca-cola* smalio yw hwn ac yn o ddrwg, yn enwedig yn gynnes, fel yr *Yugocola* oedd i'w gael yn Iwgoslafia pan briodasom ni, dy dad a finnau.

Rwyf wedi aros mewn lleoedd gwaeth. Wyt ti'n cofio'r *Tukchey Peak*? Ofnadwy, er, mae'n sicr fod lleoedd gwaeth na'r fan honno hefyd petaem ni wedi chwilio Kathmandu'n fwy gofalus. Y staeniau adawyd ar ôl pob sudd all ddod allan o'r corff dynol ar hyd y waliau a'r lloriau, a dim ond planced fudr ar y gwely heb ddim golwg o gyfnas na dim math ar orchudd ar y gobenyddion. Y lloriau'n eithriadol o fudr, er, yn ystafell Loli a fi yr oedd rhyw greadur wedi bod wrthi efo ysgub yn smalio ceisio cael trefn, ac wedi medru symud y llwch i un gongl yn un tocyn bach trefnus. Bu raid lapio blows o gwmpas y gobennydd budr cyn rhoi pen i lawr y noson honno, ac yr oedd drewi pobl eraill, a'r rheiny'n bobl fudron iawn hefyd, ar y blanced. Pam mae arogl pobl yn ganwaith gwaeth nag arogl unrhyw anifail arall tybed? Buasai'n well gen i gysgu lle bu teigr neu eliffant yn cysgu wir, na lle bu bod dynol budr yn clwydo. Wn i ddim beth am wely hiena chwaith. Yn Kenya ers talwm, pan oeddet ti tua phedair oed, a'r car wedi mynd yn sownd mewn mwd yn rhywle pur ddiarffordd a finnau wedi gorfod mynd allan i'w wthio o'r mwd, cododd un o'r giwed smotiog hyn ei ben fel yr oedd y car yn tanio. Yn ei bryfôc, i ffwrdd â John, chditha a'r car ymhell o'm blaen. Yna cododd pen hyll a budr arall, ac un arall, ac un arall . . . nes bod teulu dedwydd o'r hen gnafon haerllug yn rhythu arnaf, a hynny'n bur agos. Bu raid imi redeg yn gyflymach nag a wnes na chynt na chwedyn am y car, mewn sandalau cochion sodlau uchel a'r rheiny'n magu mwy a mwy o fwd a chlai oddi tanynt gyda phob cam. Paid â gofyn pam yr oeddwn mewn sandalau sodlau uchel, plastig, coch ynghanol Kenya – nis gwn.

Hienas neu beidio, yn y *Tukchey Peak*, pan ddaeth Huwcyn o'r diwedd, cefais fy neffro gan floedd o dy ystafell di a John drws nesaf. Yr oeddet ti'n taflu i fyny a dy dad neu chdi yn y ffrwcs wedi llithro yn y chwydfa. Cawsom Nadolig i'w gofio y flwyddyn honno, yn rhoddi anrhegion i'n gilydd mewn caffi a argymhellaist ti fel lle da am *yakburger* ar ôl trip ysgol ychydig fisoedd ynghynt i Khathmandu. Nid wyf yn credu bod dy dad byth wedi maddau imi am roi dau gerdyn post iddo'n anrheg Nadolig, er imi unwaith ar ben ei flwydd roi iâr fawr bren iddo yn Affrica.

Dyna ddigon o hel hen hanesion am heno. Rhaid cysgu rŵan, i godi'n fore i ddal yr awyren i Ddelhi gyda'r wawr. Gobeithio fod popeth yn iawn.

Cariad mawr,
Mami.

Hotel Conaught Palace,
Delhi.

1af o Awst erbyn hyn.

Annwyl Mam,

Dyma ni wedi cyrraedd Delhi. Diwrnod hir o gerdded o gwmpas
heddiw, gan aros yma a thraw i yfed sudd leim ffres efo soda oer
bob hyn a hyn. Tref ddifyr tu hwnt – pob math ar siopau dillad a
llyfrau'n temtio, ond dim angen mwy i'w gario ar ein taith, a
byddwn yma eto ar ein ffordd adref. Mae'r gwesty'n braf iawn a
neis cael socian mewn bàth yn lle mewn chwys.

Mae'r llygaid yn iawn yma, er iddynt ddechrau cosi ym
Mangladesh, ond mae fy nghist feddygol i'n eithaf helaeth
gellwch fentro. Pan anfonwyd fi i'r clinig ym Mangkok ers talwm,
prin y gwelwn ond un gymysgfa o liwiau a dim arall. Yr wyf yn
cofio fel yr oeddwn yn ceisio dysgu mewn ysgol breifat yn y
boreau cyn mynd at y merched gwnïo yn y prynhawniau.
Peidiwch â gweld bai rŵan – roedd Dafydd a Loli yn yr ysgol.
Dysgu hanes i Fangladeshiaid cyfoethog oeddwn i, nad oedd eu
rhieni, am amryfal resymau, am iddynt fynd i'r ysgol
Americanaidd ond am iddynt wneud cyrsiau Lefelau O ac A
Lloegr. Yr oedd llawer ohonynt o wledydd eraill. Yr oeddwn
hefyd yn ceisio dysgu Saesneg fel ail iaith i bobl ifainc o'r Culfor,
Iwgoslafia, Iran, Irac, Albania ac Affganistan. Treuliwn oriau'n
dysgu Saesneg i hogyn mawr annwyl tua phedair ar bymtheg oed
o'r enw Jamshahid. Wedi dianc o afael y rhyfel yn eu cartref yn
Affganistan yr oedd ef a'i deulu, a hynny ar wahanol adegau. Yr
oedd rhai o'i frodyr wedi cyrraedd America, rhai yn Lloegr, ac
yntau a'i rieni ym Mangladesh. Cawn fodd i fyw â Sami o'r Culfor
a chlywais amdano'n ddiweddarach yn estyn gwn o'i boced yn y
clwb Prydeinig yn Dhaka.

Yn y prynhawn, am ddau o'r gloch, awn yn syth o'r ysgol at y
merched gwnïo, ac ar y pryd yr oedd y merched a finnau wrthi'n
gweithio ar gwilt log cabin mawr oedd yn cynnwys dros fil o
ddarnau defnydd i'w gwnïo â llaw cyn dechrau ar y pwythau
cwiltio mân drwy'r wadin yn ei berfedd, ar ordor i wraig o'r Unol
Daleithiau. Aeth yr holl liwiau yn un lliw rywsut i mi, a'm golwg
yn mynd yn waeth ac yn waeth bob dydd, a'r diwedd fu imi gael

39

fy rhoi ar awyren i fynd i glinig yng Ngwlad Thai. Yr oedd un o ferched *British Airways* yn fy rhoi mewn tacsi wedyn i fynd am y clinig, a hynny yn nhywyllwch nos gwlad ddieithr. Doedd gen i ddim syniad lle'r oedd y clinig, mwy na gŵr y tacsi, a rhoddodd y sgwd fi i lawr wrth ryw giât gan ddweud mai dyna'r ysbyty. Ysgol oedd o fewn y giatiau, a thoc daeth dwy eneth glên o'u hymarfer côr a'm tywys i lawr y lôn i'r lle iawn. Gyda lot o ofal, bwyd llwy a steroids y gwellais.

Pethau fel hyn fyddai'n digwydd i mi ym Mangladesh, ond nad oeddech chi'n cael yr holl wir ar y pryd. Dyma un rheswm – y llygaid – pam y bu raid wrth y cogyddion annirnadwy a gawsom. John oedd enw'r cyntaf – dyn od o ddymunol oedd wedi bod yn coginio mewn gwesty, ond y drwg oedd ei fod yn dal i wneud cacen ar raddfa gwesty. Gwnâi gacen a alwai John ni yn 'gacen ddiwydiannol'; roedd yn ddigon i borthi degau o bobl. Llanwai 'dre', tun cig neu waelod sosbenni – unrhyw botyn oedd wrth law – â'r slaban felen blaen oedd yn sych grimp ymhen deuddydd. Fyddai'n ddim ganddo roi halen yn y te yn lle siwgr, a gwnâi ryw saladau rhyfeddol o lysiau saladol wedi eu malu'n fân, fân, yn nofio mewn rhyw ddŵr pinc neu felyn. Beth oedd, nis gwn; ni allem ddeall iaith ein gilydd. Euthum ati un diwrnod i'w ddysgu i wneud pwdin – fo oedd eisiau dysgu. Yr oedd yn bwysig iddo gael *repertoire* go helaeth os oedd am waith fel cogydd yn y dyfodol, a chan fod y rhan fwyaf o wragedd *ex*-patriaidd Dhaka'n dysgu yn yr ysgolion yno, neu'n gwneud gwaith gwirfoddol, yna roedd digon o alw am gogyddion. Y pwdin hawsaf y gellid ei wneud gyda'r hyn oedd ar gael yn y wlad ar y pryd (mae llawer iawn mwy i'w gael yma erbyn hyn) oedd cacen wy, a chan fod John eisoes yn gyfarwydd â gwneud y toes, dyma fynd ati. Wir, yr oedd ei gacen wy gyntaf yn burion, ond pan oeddwn i'n gwneud paned o goffi tua saith o'r gloch y bore wedyn, sylwais fod dau felynwy'n nofio'n llygadog yn y llefrith yn y jwg. Yr oedd John wedi cymryd yn ganiataol fod angen dau wy mewn llefrith bob amser wedyn, ac nid mewn cacen wy yn unig. Yr oedd yntau'n meddwl fy mod innau'n un ryfedd iawn hefyd! Mynd ar ei hynt wnaeth o yn y diwedd, a naw mlynedd yn ddiweddarach gwelwyd ef yn gweithio mewn bar byrgars yn y dref.

Wedyn daeth Noor – uffarn o gymeriad. Edrychai fel rhyw

dderyn bach; nid oedd fawr ddim ohono, yn ysgafn ei droed a'i ddillad yn drybola bob amser, waeth faint o gyflenwad o ddŵr berwedig a sebon a gâi. Gwnes fy ngorau glas gyda Noor gan fod ganddo'r ddawn i wneud imi chwerthin. Cafodd wn i ddim faint o'r siwtiau gwynion a fynnai oedd yn angenrheidiol i wneud bwyd da, ond byddent bob amser yn fudr ac ôl pi-pi yn felyn o amgylch ei falog. Byddai bron bob amser yn hwyr i'w waith ac ambell dro ni ddeuai ar gyfyl y lle o gwbl. Fe ddeuai ddiwrnod yn hwyr weithiau – wedi bod yn y jêl dros nos – ac âi'n syth o'r jêl at y coginio heb feddwl golchi ei ddwylo hyd yn oed. Yr oedd cyrffyw yn y ddinas weithiau ond byddai Noor yn torri hwn wrth chwarae cardiau yn y farchnad. Wedyn deuai'r *round-up* ac i mewn â nhw tan y bore! Byddai'n dwyn yn braf o'n cwpwrdd bwyd, a phob mathau o straeon celwyddog yn byrlymu ohono ar ôl cael ei ddal. Ond yr oedd o'n dipyn o gesyn. Mynnodd gael *side-kick* o'r enw Rahul i'w helpu – i fynd i'r farchnad, plicio tatws, golchi llestri a ballu, gan ei adael ef yn wir ben-cogydd. Yr oedd Rahul yn gryn gymorth iddo wrth wneud drygau mi w'ranta, a byddwn yn meddwl am y ddau fel y llwynog a'r gath yn stori Pinocio.

Mae Delhi'n anferth ac mae yma lot o bethau yr ydym am eu gweld, ond bydd mwy o amser ar y ffordd yn ôl gobeithio. Aiff yr amser yma'n awr i drefnu rhan nesaf ein trip, a gwneud yn siŵr fod gennym ffleit adref wedyn.

Ond er mor fawr y dref hon, mae John yn deud (a fo sy'n gwybod y pethau hyn!) fod Calcutta a Bombay'n fwy, ac o bosibl Dhaka. Er mai Hindwiaid sydd yma, a'r fuwch yn sanctaidd iddynt, nid wyf wedi gweld rhai ynghanol y ddinas heddiw fel ag y maent yng Nghalcutta ac yn Dhaka. Ac er nad yw'r fuwch yn sanctaidd i'r Moslem, mae bod yn berchen ar fuwch er mwyn cael ei lladd yn dipyn o statws. Mae i'r Moslem ddwy ŵyl *Id*, sef *Id Mukabar* ac *Id-el-Fitr*, sy'n bwysig iawn iddynt. Daw *Id-el-Fitr* ar ddiwedd gŵyl ymprydio hir *Ramadan* ym mis Chwefror. (Mae'n ŵyl symudol, ac yn dibynnu ar y lleuad.) Nid yw'r Moslem yn bwyta nac yn yfed rhwng codiad a machlud haul yn yr wythnosau hyn. Ar yr *Id* arall aberthir anifeiliaid fel symbol o aberthu'r 'drygioni' yn y dyn sy'n rhoi'r aberth. Weithiau cedwir buwch i d'wchu yn yr ardd, neu'n amlach afr i rywun sydd dipyn tlotach na dyn y fuwch. Am ddyddiau cyn yr ŵyl a'r gwledda, gwelir anifeiliaid hyd y strydoedd ym mhobman, yn bwyta, baeddu a gwneud sŵn, a chael eu gwerthu, nes bo'r dref fel un farchnad fawr. Erbyn diwrnod yr ŵyl, bydd pethau wedi cyrraedd uchafbwynt hollol gynhyrfus, gyda'r gwartheg druain yn gwisgo rubanau a strîmars amryliw ar eu pennau, cyrn neu gynffonnau, sy'n eironig iawn a hwythau ar eu ffordd i'r lladdfa, ond gan na wn ddigon am Islam i gynnig barn, yna efallai fod yr anifeiliaid, un ac oll, i fod yn hapus iawn eu bod yn cael mynd yn aberth. Yn eu hysgrythurau hwy, nid ataliodd Duw law Abraham, a lladdwyd Isaac, a lleddir yr anifeiliaid hyn i gofio'r aberth. Diolch fod ein hysgrythurau ni'n dweud yn wahanol, neu efallai y buasem ninnau 'dat grothau'n coesau mewn gwaed gwartheg unwaith y flwyddyn. Wn i ddim beth ddywedai'r bobl sy'n gryf dros hawliau anifeiliaid pe gwelsent yr ŵyl hon ym Mangladesh, ond all neb gwyno am farwolaeth gafr mewn gwlad lle mae plant bach a phobl yn marw o ddiffyg maeth, ac fe gaiff hyd yn oed y tlotaf gyfran fechan o arennau, perfeddion neu dribliwns i wneud cawl. Mae pwyslais ar elusen, fel ar adeg ein Nadolig ninnau.

Pan oeddem ni'n byw yn y fflat yn nhŷ Mr Talukder ac yntau a'i deulu'n byw yn y fflat oddi tanom, un flwyddyn bu buwch yn pori'n braf yn yr ardd ffrynt am ddiwrnodau cyn yr ŵyl. Yr oedd hi'n wyliau ysgol ar y plant wrth gwrs, a Loli'n saith neu wyth oed, a finnau, fel yr oeddwn wirionaf, wedi bod yn ei siarsio drwy'r bore i beidio mynd ar y feranda i sbaena tua diwedd y bore, gan egluro'n ofalus iddi beth fyddai'n digwydd yno ac na fuasai hi'n hapus iawn wrth ei weld. Ond mynd ddaru hi wrth gwrs, un ai er neu oherwydd fy siarsio, pan glywodd frefiadau annaearol a thorcalonnus yr hen fuwch yn cael ei lladd yn y dull Moslemaidd. Cymerai Loli ddiddordeb annaturiol yn yr hyn a alwai hi'n 'fatha sosej pinc a llwyd poeth', sef yr ymysgaroedd yn stemio ar y lawnt. Ciwiai trueiniaid wrth y giât yn barod am eu cardod cig; mae'r Moslem fel y Cristion i fod i rannu ei dda. Toc, daeth gwas tŷ nesa' ag anrheg i ni – darn o gig coch oedd mor ffres nes bod stêm yn codi ohono. Yr oedd hyn braidd dros ben llestri i mi ac i waelod y rhewgell y cafodd fynd tra oedd yn dal yn boeth gan fywyd, ac fe'i rhannwyd yn ddiweddarach.

Mae'r fan hon mor wahanol i Fangladesh – yn fwy lliwgar

gyda llai o unffurfiaeth gwisg a mwy o goch, sarïau crand a ffrogiau euraid. Yr wyf yn ffond iawn o ddillad y Dwyrain, eu lliwiau llachar, eu hedau aur ac arian a'u gwaith brodio dros wydrau bychain, sef *shishadur*. Gynt, byddai'r patrymau a grëid gyda'r gwydrau'n llawer llai powld nag ydynt heddiw. Drychau bach â chefnau o arian a arferid eu defnyddio i wneud y brodwaith *shisha*. Arferid chwythu peli o wydr, yna lliwio tu mewn y bêl cyn ei malu'n ddarnau. Ers talwm, defnyddid darnau pur helaeth ar ddillad a bagiau, a hynny mewn ffordd artistig a thlws iawn. Holl bwrpas y drychau oedd dychryn ysbrydion drwg a'u hanfon ymaith. Rhaid cael defnydd trwm a chryf i ddal pwysau'r gwaith *shisha* neu fe dderfydd y dilledyn ymhell cyn i'r brodwaith wisgo. Yn fy masgedi gwnïo i mae degau o ddarnau o frodwaith o'r Dwyrain oddi ar ffrog neu flows sydd wedi hen fynd ers talwm. Mae tuedd, oherwydd tlodi mae'n debyg, i frodwaith gwledydd de Asia gael ei weithio ar ddefnydd sâl, a syrth yn ddarnau cyn i'r brodwaith fynd dim llwchyn gwaeth. Mae pannu'r dillad ar gerrig yn aml i'w golchi yn teneuo dillad wrth gwrs. Os yw rhywun yn ddigon ffodus i fedru prynu darn o frodwaith hen, yna mae'n hawdd ei adnabod oherwydd ei liwiau tawel a naturiol sydd wedi dod o blanhigion a llysiau o'u cymharu â lliwiau cryf a chemegol yr edau a ddaw o'r siop heddiw. I mi, merched y rhan yma o'r byd yw'r gweithwyr brodwaith mwyaf diddorol yn y byd. Efallai nad yw taclusrwydd edau fain, clyfrwch symudiadau lliw o oleuni i gysgod, a phwythau mân y Tsieineaid yn nodweddu eu gwaith, ond mae bywyd a dyfeisgarwch yn y brodwaith o gyrion Nepal i lawr i dde'r India, gan gynnwys Bangladesh.

Cyn inni ddechrau ar cin prosiect clytwaith ym Mangladesh, bu tair ohonom yn ymweld â phrosiect brodwaith a ddechreuwyd gan wraig o'r enw Maureen Berlin. Tŷ gwag ar rent oedd ganddi, a phrin ddim dodrefn. Yr oedd un ystafell yn llawn babanod yn cael napan ar fatresi bach ar lawr a gwraig yn eu gwarchod. Allan mewn rhyw gymun o ardd flêr, chwaraeai plant dipyn hŷn, cyn dod i mewn i ystafell arall at eu llyfrau. Mewn dwy ystafell arall eisteddai'r mamau ar lawr yn gwnïo a sgwrsio. Wn i ddim a welais waith gwnïo tebyg i hyn yn unman na chynt na chwedyn. Croga un o'u lluniau, ddeuddeng mlynedd yn ddiweddarach, ar fur fy nghegin fel y gwyddoch, ac nid oes pall ar y cysur a gaf a'r atgofion a ddaw imi wrth edrych arno bob dydd. Llun o bentref yw, a phawb yn eu corneli eu hunain yn paratoi at ddydd y briodas y mae'r holl bentref yn rhan ohoni. Y mae i'r llun naws bywyd pentrefol unrhyw wlad – Cymru'r ganrif ddiwethaf efallai, cyn i gymaint o bobl ddieithr ddod i'n gwinllan.

Cofiwch, mater arall yw mynd i briodas Foslemaidd go iawn. Bûm mewn dwy yn ddiweddar. Gorfod eistedd 'gyda'r gwragedd' fel yn Seiat ers talwm oedd y peth gwaethaf, a methu siarad efo neb ond Loli nes teimlo'n bell oddi wrth bawb am oriau bwygilydd, drwy'r dydd fel arfer. A theimlo'n dlawd sobor o weld yr holl dlysau aur gan y merched, gan fod y teuluoedd yn bur ariannog. Gwisgai un wraig mewn un briodas ddarn anferth o aur cerfiedig wedi ei dorri i ffitio fel maneg o amgylch y glust, o'i hymyl uchaf i'w thafod, ac roedd pethau gwerthfawr yn crogi oddi arni. Byth er hynny rwyf wedi ffansïo cael un, ond buasai angen cyfoeth pur fawr! Cofiaf mai ffrog Cara oeddwn yn ei gwisgo yn y ddwy briodas, gyda llewys hir rhag tarfu ar syniad y gymdeithas o'r hyn sydd weddus i wraig. Rhyw dipyn o gario dŵr dros afon yw gwisgo dillad Cara yn India a Bangladesh, rhaid cyfaddef. Mi wyddoch am y pen ôl sydd gen i – rhy fawr i wisgo'r trowsus a'r topyn lleol, gan fod angen i'r topyn fynd reit dros y pen ôl. Ni thâl iddo fod fymryn cwteuach; buasai hynny cystal â dangos eich nicars. Yn aml, y trowsus llaes yw'r dilledyn isaf, yna'r crys hir drosto. Yna gwisga'r merched sgarff hir o ddeunydd ysgafn i lawr ac ar draws eu brest, fel y gwisgwn ni fwclis hir, ond gyda'r ddau ben yn hongian yn rhydd i lawr y cefn. Mae hyn er mwyn cuddio'r bronnau – rhag bod yn euog o ymfflamychu unrhyw ddyn.

Mi ddylwn ddweud mwy wrthych am Delhi rwy'n siŵr, ond, fel y gwyddoch, hyn oll yw fy niléit – y dillad, y brodwaith a'r gwnïo. Af i gysgu rŵan efo'r holl liwiau'n nofio yn fy mhen tu draw i'm llygaid. Nos dawch.

Cariad mawr,
Gwenllian.

Hotel Conaught Palace,
Delhi.

1af o Awst, 1993.

Annwyl Loli,

Lle braf i aros, er ddim cweit mor *posh* â'i enw, ond gellir, am bris rhesymol, gael ystafell helaeth i gynnal *Kitty Party* a rhannu danteithion lu yma. Rhag ofn na wyddost, mae *Kitty Party* fel Cwrdd Dorcas heb yr edau a'r nodwydd, neu Ferched y Wawr heb y wraig wadd yn trefnu blodau neu'n gwneud cacen.

Cerdded o gwmpas y buom drwy'r dydd bron. Cawsom ginio bach sydyn mewn snac bar – pryd cyrriaidd efo rhyw damaid o hyn a thamaid o'r llall efo fo. Mae'r dref yn fawr iawn iawn a hawdd fuasai imi fynd ar goll yma, ond mae dy dad yn dipyn o giamstar ar ffeindio'r ffordd rownd y trefydd mawrion yma, fel y gwyddost. Treuliasom ran helaeth o'r pnawn mewn swyddfa ymwelwyr yn ceisio, a methu, cael trip i Ladakh. Amhosibl, gan fod y tywydd wedi bod mor ddrwg. Mae'r lonydd wedi cau rhwng dŵr, mwd a thirlithriadau ac ni ellir dibynnu ar yr awyrennau bychain anaml, ac mae rhai ymwelwyr sydd wedi bod yno cyn y tywydd mawr i gyd yn hen barod i ddod oddi yno erbyn hyn, a dim digon o awyrennau ar gyfer pawb. Yr oedd teulu dyn y swyddfa, neu o leiaf ran o'i deulu, yn byw yn Srinagar yng Nghashmir, ac fe'n temtiai â lluniau'r mynyddoedd, y llyn a'r cychod y gellir aros arnynt. Ychydig iawn wn i am y lle, ond bod cynnen rhwng India a Phacistan yn ei gylch a'i fod yn un o'r lleoedd hynny y buasai pobl gartre'n holi, 'Oes 'na hen drwbwl yno 'dwch?' Mae hwn yn gwestiwn sy'n cael ei ofyn i mi pan fydd John i ffwrdd a minnau gartref, ynghyd â, 'Draw 'na mae John ia?' ac 'Ew . . . be sy' 'na'n fwyd 'dwch?' Dyma finnau'n troi at John yn y swyddfa a dweud yn blaen, 'Ew, oes 'na ddim hen drwbwl yno d'wad?' 'Wel, oes a nag oes,' meddai hwnnw. 'Mi wyddost sut mae trwbwl.' Gwyddwn. Cyn d'eni di roedd dy dad a Dafydd a minnau'n Uganda yn ystod gwrthryfel Idi Amin, neu *coup* i fod yn fwy cywir, a buom fyw yno am ddwy flynedd o'i deyrnasiad lloerig wedyn, ac mewn oes o grwydro cryn dipyn, yr ydym wedi gweld digon o bethau annifyr. 'Wel?' meddai John, 'Dwi'n gêm os w't ti.' 'Iawn,' meddwn inna.

Gwnaethom drefniadau i fynd i Srinagar ddydd Llun ac aros yno tan ddydd Gwener ar ôl bwrw'r Sul yn Delhi gyntaf. Rydym am aros ar un o'r cychod Rajaidd rhyfeddol. Mi wn fod cwffio yn y wlad yn rhywle a bod gwrthryfelwyr yn ceisio torri'n rhydd o reolaeth India i gael bod un ai'n annibynnol neu dan adain Pacistan, a bod mwyafrif pobl Kashmir, fel Pacistan, yn Foslemiaid. Mae'n gywilydd imi ddweud ond dyna'r oll a wn am y lle. Rhaid imi ddarllen a darllen o hyn i ddydd Llun, ac wedyn mae gen i ofn. Da na fyddi di, Dafydd, Nain na Mary'n gwybod dim lle byddwn nes down yn ôl. Nid yw'r post cweit mor gyflym â hynny, ond gwn na faset ti na Dafydd yn poeni beth bynnag gan eich bod yn deall 'y lleoedd 'ma', ond mi wyddost sut mae neiniau! Gobeithio y medrwn gael ffleit ddydd Llun – dyna'r job nesaf. Yr oedd y dyn yn y swyddfa'n goblyn o whilar-dilar jarfflyd ac yn gwneud pob math o giamocs ticedeiddiol bob yn ail â bod ar y ffôn. Fe aiff yn fwrn ar bawb pan gaiff ffôn symudol! Gallwn obeithio'r gorau y cawn ein dau le ar yr un ffleit. Wyt ti'n cofio'r farathon honno o Singapore i Kuala Lumpur ers talwm, a hanner yr awyrennau wedi eu dileu? Er, fuaswn i ddim yn meddwl bod fawr neb yn hedfan i Srinagar y dyddiau hyn; pobl leol efallai, ond prin iawn yw'r ymwelwyr mae'n debyg, os nad fel un o'r cerrig mewn rhyd sy'n arwain i rywle arall. Cawn weld 'te.

Wedi trefnu taith o gwmpas Delhi erbyn fory, efo car a dreifar. Hyn yn rhesymol ei bris a buasem yn mynd ar goll ar bennau ein hunain mae'n bur debyg, ac mae'r ddinas yn rhy fawr inni allu cerdded o un rhan i'r llall. Wedi bwcio'r un dyn i fynd â ni i Agra ddydd Sul hefyd i weld y Taj Mahal a ballu, am ddiwrnod cyfan, gan gychwyn yn blygeiniol am saith cyn y gwres mawr. Dyma nodyn gastronomaidd i ti rŵan. Wedi bod mewn lle o'r enw *Kwality Restaurant* heno, ar ôl gweld ei frolio yn y *Lonely Planet*. Yr oedd yn cymharu'n ffafriol iawn â'r ddau bryd Indiaidd gorau a gefais erioed, sef un yn Jinja yn Uganda yn 1971, a'r llall yn gyrri llysieuol mewn tŷ bwyta bach di-nod a heb fod yn rhy lân ym Mombasa yn y saithdegau rhyw dro. Does ryfedd yn y byd 'mod i'n dew; hawdd gweld pam efo'r holl ddiléit yma mewn bwyd ym mhob man. Yr oedd cyrri pys da ofnadwy yn y tŷ yma'n Jinjia, tŷ clerc y dref. Boed yr holl atgofion stumogaidd hynny fel y bônt, heno gwleddasom ar gyw iâr *dopiaza*, dwy *naan* anferth, rhywbeth arall pur flasus wedi ei wneud o gig oen, a *choffta* llysieuol. Hufen iâ a choffi wedyn a'r holl bryd am lai na phumpunt yr un! Erbyn tua deg o'r gloch roeddem yn cysgu uwchben ein traed, wedi codi ers cyn chwech a phrin fu cwsg neithiwr. Mae dy dad wedi cysgu â'i lyfr yn ei law a finna wedi ailddeffro ar ôl paned o goffi, er yr holl fwyd a'r cerdded a gwres y chwysdir, chwedl dy dad.

Anghofiais ddweud am y grwjis a welwyd ac a brynwyd, gelli fentro. Fu rioed rotshiwn le am geriach a grwjis heirdd a rhad – gwell hyd yn oed na Kathmandu. Wedi prynu breichled i ti – arian(?) a thyrcwois (plastig?) ynddi. Prynais siwt trow-a-thopyn o ryw liw gwyrdd golau ond bawaidd, os gwyddost beth sydd gen i, i mi fy hun am bedair punt, a chefais bâr o'r hyn fyddai Rhiannon yn eu galw'n 'sandalau'r Iesu' – rhai cochbiws. Rhaid peidio mynd i ffatian gormod yn y glaw ynddynt neu caf draed piws, gan mai dipyn o nafur ydynt. Cafodd John grys cotwm gwyn, plaen. Well i minnau drio cysgu rŵan, felly, nos dawch cyw.

Cariad mawr,
Mami.

Annwyl Dafydd,

Cael brecwast yn ein llofft, o'r fath foethusrwydd! Coffi eitha byth – pwysig iawn i mi fel y gwyddost – a *chroissant* boeth, flasus. Te a thôst i John. I beth yr ydw i'n hefru am yr holl fanylion bwyd yma wrthyt ti, wn i ddim. Loli sy'n hoffi'r pethau yma yntê? Fe sgrifennodd hi ddyddiadur gwyliau hir, unwaith, pan oedd yn yr ysgol fach, ar ôl inni fod yn Thailand yn cyfarfod John. Doedd hi ddim wedi ei weld ers misoedd ond y cwbl sydd yn y dyddiadur yw manylion bob pryd a fwytaodd yn Bangkok a Puket.

Treulio'r bore yn yr hen Ddelhi. Gan dy fod wedi bod yma efallai iti weld y *Mosg Jami Masjid*, mosg mwyaf India, er na chlywais di'n sôn amdano. Â thywodfaen coch y'i hadeiladwyd, mosg olaf Shah Jehan, rhwng 1644 ac 1658. Mae dau finarét iddo ac mae'r llawr gweddïo'n farmor i gyd, gyda lle i bum mil ar hugain weddïo yno ar unwaith. Ni chaiff merch fynd i mewn heb fod 'gyda dyn cyfrifol o'i theulu'. Mae bron fel dweud bod yn rhaid i'r ci fod ar dennyn yn y parc tydi? Da fod John yn edrych yn eitha cyfrifol heddiw, ac am ei fod mewn trowsus bach, rhoddwyd rhyw *lungi* bygddu iddo i guddio'i goesau. Doedd o ddim yn edrych yn rhy gyfrifol wedyn! Gallem weld y Gaer Goch, y *Lal Qila* o'r mosg yn glir iawn. Yr oedd dyn (answyddogol) yn mynnu ein dilyn i bobman yno, gan ddisgwyl cil-dwrn mae'n debyg. Rhoddai ddisgrifiadau go od a da i ddim o bethau bob hyn a hyn, fel, 'This mosque', 'This wall', 'This floor red' a 'This wall good'. Diflas iawn. Yr oedd paun yn yr ardd, ac meddwn innau wrth John, 'Yli paun'. A dyma'r dyn wrth ein cynffon yn ateb, 'Yes, paun!' Rydw i'n amau ei fod yn dal i ddweud 'This paun' wrth yr ymwelwyr yno! I gael gwared â phobl fel hyn rhaid dweud 'No English' a cheir llonydd.

Un peth go dda o blaid mosg *v* capel ac eglwys yw fod tlodion digartref ac anffodusion eraill yn cael ymgynnull yn y mosg a chysgu, gorfeddian o gwmpas a hyd yn oed gwneud mymryn o fwyd yno. Ni ddigwydd hyn yng Ngwlad y Capeli. Wyt ti'n cofio'r pregethau hirion yr oeddem yn gorfod eu dioddef o'r mosg drws nesaf bron yn Dhaka? Mi fyddai yna hen ddwrdio a dweud y drefn ar y bregeth weithiau, ac er na ddeallem yr iaith, gwyddem mai dwrdio y byddai'r *Imam*. Weithiau byddai rhyw weiddi hen ffasiwn fel ein hoelion wyth ni ers talwm yn mynd i hwyl go iawn. Ar ôl pwl hir o sychder, byddai yno fwy nag arfer o weddïo taer yn erfyn am wlaw ac weithiau gwelir hysbyseb yn y papurau newyddion yn gofyn i bawb weddïo am dywydd gwlyb.

Arferai'r gwahaniaethau crefyddol fod yn anodd iawn i ti eu deall pan oeddet yn hogyn bach tua naw neu ddeg oed a ninnau'n byw ym Mauritius, a byddet yn holi a stilian fel y coblyn. Ychydig wyt ti'n ei gofio o fynd i'r Ysgol Sul yno yn yr Eglwys Bresbyteraidd Albanaidd, ac rwy'n meddwl dy fod yn gweld Cristnogaeth capel yn bur ddiniwed a sychlyd o'i chymharu â'r gwahanol wyliau Hindŵaidd hwyliog a lliwgar a welem ym Mauritius. Doedd gan ein crefydd ni ddim dynion yn cerdded ar dân yn droednoeth i brofi eu ffydd, na gŵyl fel gŵyl *Holi Mela* yn y gwanwyn, pan luchir paent a phowdrau yn gawodydd lliwgar ar ben pawb. Yr hwyl ora' gefaist ti'n y capel oedd dysgu llyfrau'r Hen Destament ar dy gof! Yr oedd gennym y Nadolig wrth gwrs, ond er ei holl anrhegion mae'r Nadolig yn hen amser digon anodd i blant swil, y dysgu a'r actio diddiwedd mewn dramâu'r Geni a ballu. Caiff yr Hindwiaid hwythau eu hanrhegion ym mis Hydref (neu Dachwedd – dibynna ar y lleuad) ar ŵyl y goleuadau, sef *Diwali* neu *Dipavali*, a goleuir pobman â goleuadau bychain a'r gerddi'n llawn soseri bach a chanhwyllau ynddynt ar y noson. Difyr fyddai mynd o gwmpas i'w gweld. Wyt ti'n cofio? Ai fel hyn y byddai'r Nadolig yng Nghymru ers talwm? Mae ei naïfrwydd a'i syndod a'i bethau bach diniwed wedi peidio â bod bellach; dim ond y galon sy'n cofio oes arall, dawelach.

Yr amser gorau gennyt fyddai amser y *Cafadi* pan âi dynion drwy bob math o brofion erchyll i ddangos eu ffydd. Gallant roi pinnau a nodwyddau trwchus, a hyd yn oed sgiwars cig drwy eu cnawd, a chrogi ffrwythau drwyddynt heb ddioddef poen na gwaedu. Rhoddant sgiwars drwy eu bochau, pinnau tewion drwy groen eu cefnau a'u bronnau, ynghyd â chario offrymau mawr o fframiau pren, yn aml ar ffurf temlau bychan yn llawn blodau, a'r rheiny am y mwyaf, y trymaf a'r crandiaf, a cherdded felly am filltiroedd i'r deml. I fachgen bach meddylgar, nid oedd mynd i'r capel yn cymharu â hyn oll. Anodd fyddai ceisio egluro iti y pwyslais ar garu a rhoddi mewn Cristnogaeth, a bod hyn yn esgor ar feddygon ac ysbytai am ddim i bawb ac ysgolion a thai desant, yn anuniongyrchol, yn hytrach na cherdded milltiroedd â nodwyddau yn eu cefnau. Mae'n debyg fod hyn yn debycach i Gristnogaeth yr Oesoedd Canol yn y Gorllewin, pan chwipiai'r mynachod eu hunain. Mae'n debyg fod yr Hindw'n mynd i ryw fath o berlewyg cyn gwneud y pethau hyn oll, ond sut mae mynd i berlewyg? Oes rhywun yn eu hypnoteiddio? A ydynt yn mynd heb fwyd am ddyddiau? A yw cyffuriau'n dod iddi'n rhywle? Mae cyffuriau yn cael, ac wedi cael eu defnyddio ar hyd y canrifoedd yng ngwledydd Asia ac Affrica, a hyd yn oed yng Nghymru. Rwy'n cofio darllen dyddiadur gweinidog nid anenwog o gapel fy mebyd yn rhoi ei hanes yn picio ar gefn ei geffyl i Bwllheli i 'mofyn ei lodnwm cofia. A'r hen feirdd, a milwyr o Ganu Aneirin a pheilotiaid yr Ail Ryfel Byd. Yr oedd gan dy dad ffrind o'r enw Nanraj oedd wedi gwneud yr holl fusnes sticio pinnau 'ma a dywedai ef na theimlai unrhyw boen o gwbl. Mae'n anodd i ni ddeall pam maent eisio gwneud tydi, er, rwy'n meddwl bod yr ysfa i frifo ein hunain ar ôl pechu yn dal ynom ninnau hefyd cofia.

Treuliasom ein hawr ginio rishlyd heddiw yn eistedd mewn swyddfa deithio yn ceisio cael ticed go rad i ddod adref pan ddaw'r amser. Yr oedd yr hipis wedi hel yno am eu ticedi rhad hefyd, wel, nid hipis fel y dyddiau gynt, ond yn hytrach y bobl liwgar, grwydrol â'u pwysi tlysau sydd mor ffond o ddod i India i brofi math arall o fywyd nad yw i'w gael gartre. Mae'r rhain yn edrych yn hynod ddel i mi bob amser ac yn gwneud imi ysu am dynnu'r hen geriach o'r drorsus pan ddof adref. Gwn fy mod yn rhy hen erbyn hyn i dynnu'r fath sylw ataf fy hun, a'm canol yn rhy dew i'm sgert frodwaith ddu ac oren â'i gwydrau bach ddaeth dy dad imi o Nepal rhyw dro. A'r holl gadwyni o amber ac arian o Lamu ac Irac sydd mor drwm nes codi cur yn fy mhen wrth eu gwisgo. Does dim llawer i'w ddweud o blaid mynd yn hen, ond bod gwraig yn mynd yn fwy a mwy anweledig wrth heneiddio ac yn ymguddio y tu ôl i ddillad hyllion a diflas. Roedd Sais ifanc yn y swyddfa deithio yn ceisio cael tocyn i fynd adref yfory, oherwydd gwenwyn yn ei lwlod. Hogyn del pen golau, ond yn edrych yn sobor o sâl. Rwy'n siŵr fod ei fam yn poeni amdano ac y bydd yn dda iawn ganddi ei gael gartre. Yr oedd yno Israeliaid swnllyd a phowld hefyd. Nhw a'r Saeson a'r Almaenwyr sydd fwyaf ymwthgar ac uchel eu cloch ym mhobman. Yr oedd y rhain yn chwarae bod yn hipis ac yn smalio bod yn dlawd drwy ryw how drio edrych yn dlawd am hwyl. Uffarn o beth i'w wneud yn India. Pan oedd hi'n amser talu, daeth wadiau mawr o arian parod o'u bagiau lledr. Cawsom diced ar *Air Uzbekistan via* Tashkent! Rhain yn swnio i mi fel cerddoriaeth, a swyn yr enwau fel Santa Fe i T.H. Parry-Williams. Enwau breuddwydiol hollol. Tashkent amdani 'ta, wel, dim ond dau can punt ydym yn ei dalu.

Aeth yn wedi tri o'r gloch arnom yn ailafael yn ein dyn tacsi am drip y pnawn o gwmpas Delhi Newydd. Yn y cyfamser cawsom ginio bach, bach. Gwelsom Giât India, y gofgolofn enfawr a godwyd er cof am filwyr marw'r wlad. Mae miloedd o enwau arni. Yma hefyd y codwyd baner India am y tro cyntaf pan gafodd y wlad ei rhyddid ar Ionawr y 26ain, 1947.

Mae gennyf hiraeth amdanat ti a Lol cofia, ond iesgob, yr ydw i wrth fy modd yma!

        Cariad mawr,
        Mami.

Delhi o hyd.

3ydd o Awst, 1993.

Annwyl Mam,

Mae'r wlad hon yr un mor rhyfeddol â'r tro o'r blaen! Mae hi'n annioddefol o boeth yma wrth gwrs, poethach hyd yn oed nag wrth y pyramidiau yn yr haf, ac roedd hynny'n uffernol. Lliwiau dillad y merched sy'n tynnu fy llygaid i yma, ac rwy'n gwirioni ar y stondinau gwerthu brodwaith amryliw wrth ochrau'r ffyrdd, heb sôn am y siopau llyfrau diddiwedd a'u miloedd llyfrau Saesneg mor rhad. Ni wn ddigon am Hindŵaeth i ddeall ai gwahaniaeth crefydd sy'n gwneud pobl India a phobl Bangladesh mor wahanol. Cofio clywed John yn dweud wrth rywun rhyw dro, *'Bangladesh is India without the charm'*. Gallaf weld y tebygrwydd rhwng Cristnogaeth a Moslemiaeth, a'u Duw sy'n barnu, ond mae rhyw liw a dieithrwch swynol o gwmpas Hindŵaeth i mi. Nid oes eglwys gyfundrefnol Hindŵaidd fel y cyfryw, ond gair oedd Hindw'n wreiddiol i ddynodi dyn nad oedd na Bwdydd na Christion na Moslem nac Iddew, ond hyd yn oed wedyn, yr oedd yn derm rhyfedd, gan fod y Jainiaid a'r Siciaid yn hollol wahanol hefyd. Nid oes iddynt arweinwyr crefyddol ychwaith, nac unrhyw set o ysgrythurau na chredoau sy'n gyffredin iddynt i gyd. Nid un grefydd mohoni felly, ond rhywbeth rhanedig iawn iawn. Y mae i ddyn ei le yn y gyfundrefn ac mae tair nod i'w fywyd *(Purushartha)* sef *Artha* – cyfoeth materol, *Kama* – boddhad i'r dyheadau, a *Dharma* – dyletswyddau dyn yn ôl ei safle mewn bywyd. Yn y diwedd, gobaith yw *Moksha*, sef y rhyddid hwnnw a ddaw i ddyn o gael ei ryddhau o'r aml aileni a ddaw i bob bod dynol, a hwn yw'r *Ashrama* – y bywyd perffaith.

Mae i'r Hindw lawer o dduwiau a gwelir cerfluniau ohonynt a themlau iddynt ym mhobman. Eu duwiau pennaf yw Vishnu, Shiva a Brahma, ac weithiau gwelir y tri wyneb ar yr un ddelw. Brahma yw'r crëwr, Vishnu sy'n cadw a Shiva sy'n difa. Addolir duwiau eraill megis Ganesha â'r pen eliffant, a Hanuman y duwfwnci a fu'n gymorth i Rama yn yr epig *Ramayana*. Kali yw ochr dywyll Parvati, gwraig Shiva. Caiff pob teml ei gŵyl ei hun o leiaf unwaith y flwyddyn, ac weithiau cludir delw o'r duw neu dduwies berthnasol o gwmpas a daw addolwyr o bell i rai o'r gwyliau hyn – i'r cyrddau mawr beth bynnag. Ym mis Medi, er enghraifft, ceir degfed diwrnod *Asnvina*, y fam-dduwies, a cheir *Vasantapancami* ym mis Chwefror yn fwrlwm o ganu a dawnsio. Mae i Hindwiaid Bangal un seremoni fawr arbennig, sef y *Durga Puja*.

Er mor wahanol i ni ydynt, mae llawer o bethau'n bur debyg hefyd. 'Dyn yw dyn ar bob cyfandir' 'te? Ar y deuddegfed dydd ar ôl ei eni, rhoddir plentyn mewn crud bach crog a rhoddir deuddeg lamp i grogi oddi tano. Yna caiff enw a ddewisir gan yr offeiriad a bydd y merched yn canu. Os yw o ddosbarth uchel, ac yn fab, aiff drwy seremoni'r edafedd wedi iddo droi wyth oed pan gaiff wledd ac anrhegion. Eistedda gyda'i dad ger y tân sanctaidd a dolennir edau sanctaidd yn bum cylch cotwm, a rhydd yr offeiriad y ddolen dros ben y bachgen, i orwedd dros ei ysgwydd chwith ac ar draws ei frest yn is na'i law dde. Cenir mantrau ac edrydd yr offeiriad eiriau o'r *Rigveda* – 'Myfyriwn ar oleuni mwyaf disglair y Duw Savita (yr haul), cynhaliwr y ddaear, y nefoedd, a'r gwagle rhyngddynt. Boed iddo ysbrydoli ein deall.' Sisiala'r tad yr un geiriau i glust dde'r bachgen ac ailedrydd yntau hwy. Dywedir wrtho wedyn am weithio'n dda yn yr ysgol, astudio a phasio'i arholiadau!

Ar ôl y llythyr yma, gallwch roi darlith ar India i Ferched y Wawr! Ond, o ddifrif, gwn fod gennych ddiddordeb; finnau'n cysgu llai na John, felly rhyw ddwyawr dros ben yn y bore rhwng chwech ac wyth – cyfle da i ysgrifennu.

Defod bwysicaf yr Hindw yw ei briodas. Fel rheol mae priodas wedi ei threfnu rhwng teuluoedd a chwilir am uno cymharus o ran dosbarth, iaith a thraddodiad teuluol. Yn y seremoni croesawir y priodfab gydag anrhegion gan deulu'r briodferch yn gyntaf, a rhoddant eu merch iddo'n wraig, yn ffurfiol, a derbynia ef a'i dad y ferch i'w theulu newydd. Caiff hithau yn awr dlysau aur, sarïau a dillad newydd ganddynt hwy. Wyneba'r ddau ei gilydd yn eu dillad newydd, gyda sgrîn sidan rhyngddynt, tra bo'r gwesteion yn canu a thaflu reis ar ben y pâr ar ddiwedd pob pennill. Tynnir y sgrîn wedyn a ffeiria'r ddau eu torchau o flodau. Cyneuir y tân sanctaidd a lluchir *ghee* arno cyn gweddïo am gyfoeth, plant iach a hir oes. Cenir mantrau gan yr offeiriad a chama'r pâr ifanc saith cam o gwmpas y tân, y wraig y tu ôl i'r gŵr. Mae'r saith cam yn symbolaidd – y cam cyntaf yw bywyd priodasol hir, yr ail yw nerth, y trydydd yw cyfoeth a'r pedwerydd yw hapusrwydd. Yna daw'r gobaith am blant, mwyniant pleserau tymhorol, a chyfeillgarwch drwy eu bywyd. Buom fel teulu ym mhriodas Nutran ym Mauritius, priodas Hindŵaidd, er yr honnai Mari ei mam mai teulu Cristnogol oeddynt. Edrychai eu crefydd i mi fel cymysgfa o Gristnogaeth a Hindŵaeth, ond Hindŵaidd oedd y briodas beth bynnag. Bu'r briodferch yn aros yn effro drwy'r nos y noson cyn y briodas. Methais â deall arwyddocâd hyn. Eisteddai'r briodferch ar lawr yng nghornel ei hystafell wely drwy'r nos yn ei gwisg briodas, gyda'i theulu a'i ffrindiau yn ei chynorthwyo i gadw'n effro drwy siarad â hi a'i phwnio bob hyn a hyn. Yr oedd ei gwisg briodas, yn ôl yr arfer, yn goch a llachar, a'i dwylo a'i thraed yn batrymau tlws o henna. Mewn neuadd y bu'r gwasanaeth, yna'n ôl i'r cartref am bryd bwyd ar ddail banana– wel, i'r ardd o leiaf, gan mai teulu tlawd ydynt a'u tŷ'n llawer rhy fach i wledd briodas.

Pan ddaw marwolaeth, cred yr Hindw fod yr enaid yn cael ei ddal yn y benglog, ac mai'r tân sanctaidd yn unig all ei ollwng yn rhydd. I'r perthynas agosaf a hynaf – hynny yw, y dyn hynaf yn y teulu – y syrth y gwaith o roi'r corff ar dân ar ôl cerdded o amgylch y corff ar y tân oer dair neu bum neu saith gwaith. Cân yr offeiriad tra llosga'r corff ac â pawb adref ar ôl i'r benglog gracio. Ar y trydydd diwrnod byddant yn hel y llwch a'i daflu i afon.

Gyda llaw, ar y teledu yn ein hystafell neithiwr roedd rhaglen Saesneg am ryw ffermwr, a gwyddwn cyn iddo agor ei geg mai Cymro Cymraeg oedd o. Gallwn ddweud ar ei ddillad, yn enwedig ei gap, ei sî-bŵts a'i gerddediad. Gwartheg a chŵn defaid oedd ganddo.

Buom gyda'n dreifar yn y Lal Qila – y Gaer Goch. Er pan fu Dafydd yma efo'r ysgol bu'n dweud bod raid inni gofio gweld hon. Ac yr oedd yn werth ei gweld hefyd. Y mae'n lle anferth. Shah Jehan a'i hadeiladodd rhwng 1638 ac 1648, yn gartref yn ei brifddinas Shahjehanabad (yn lle Agra). Mae milltir a hanner o furiau o'i chwmpas a'r rheiny'n drigain troedfedd o uchder mewn rhai mannau. Ar un ochr i'r gaer arwain giât Delhi i mewn iddi, a'r ochr arall, giât Lahore. Roedd mewn rhan o'r gaer lle'r arferai'r Orsedd Beunog fod – pileri gyda diamwntiau ac amryfal gerrig gwerthfawr eraill ar eu hyd. Yn y *Diwan-i-Khas* yma yr oedd yr orsedd o aur pur, gyda'r peunod gwerthfawr y tu ôl iddi'n disgleirio o bob mathau o gerrig gwerthfawr. Y tywodfaen coch rydd ei enw i'r gaer, ac edrycha i lawr ar yr afon Ganges. Heddiw yr oedd *snake-charmer* efo'i hen gobraod yno a'r rheiny'n swrth gan gyffur reit siŵr er mwyn iddo fedru eu trin. Anodd oedd cau fy llygaid a meddwl am ysblander Shah Jehan wrth weld y tlodi creulon islaw'r gaer.

Byddwch yn breuddwydio efo'r hen frenhinoedd heno ac yn fy melltithio am fwydro'ch pen efo nhw. John a minnau wrth ein boddau yma.

Cariad mawr,
Gwenllian.

Delhi.

3ydd o Awst, 1993.

Annwyl Loli,

Cefais fy siomi ddoe efo bedd Gandhi. Efallai fy mod wedi disgwyl mwy, ond syml ddylai ei fedd o fod yntê? Rhyw ruthro yno ac oddi yno ddaru ni – does gennym ddim digon o amser yma go iawn i weld bob dim yr hoffem ei weld. Buasem angen misoedd. Slabyn syml o farmor du yw'r bedd ac yr oedd pobl o gwmpas yn dal i roi blodau arno. Yr oedd yr awyrgylch yn cael ei ddifetha gan gerddoriaeth, yn ogystal â hen wal bren hyll y tu ôl i'r bedd yn ei siabieiddio braidd. Mae llwch Nehru yno hefyd, ynghyd â choed wedi eu 'plannu' gan Ho Chi Min, Eisenhower, Elisabeth yr Ail a Gough Whitlam. Heddiw gwelsom ych truenus yn tynnu peiriant torri gwellt gardd – rêl India rywsut – gyda waldiwr main yn ei yrru a'i leinio.

Gwelsom amryfal feddi hen frenhinoedd hefyd a degau o hwpws – adar streipiog fyddai'n arfer byw a bod yn ein gardd yn Nakuru, Kenya. Gwelsom hefyd ddegau o ryw anifeiliaid bach pur ddof, tebyg i wiwerod. Mae John yn meddwl mai *mirkut* yw eu henwau. Yr oedd cannoedd ohonynt o gwmpas y beddau ac yn y mannau lle'r oedd pobl yn ymhél; mae'n debyg fod pobl yn eu bwydo â chnau a ballu.

Buom yn gweld twr coch uchel iawn o'r enw *Qutb Minar* sydd i'r de o Delhi Newydd. Dechreuwyd ei adeiladu yn 1193 (pan oedd Llywelyn Fawr tua ugain oed!) i gofio concro brenhiniaeth Hindw olaf Delhi. Mae'r twr ei hun yn 73 medr o uchder gydag ysgrifen wedi ei cherfio o'i dop i'w waelod. Arferid ei ddefnyddio gan y Moslemiaid a'i hadeiladodd fel minarét i'r muezziniaid alw'r ffyddloniaid i'r gwasanaethau. Adnodau o'r Coran yw'r cerfiadau ar ei hyd, gyda'r llythrennau'n mynd yn fwy ac yn fwy wrth fynd yn uwch ac yn uwch, er mwyn medru eu darllen i gyd o'r gwaelod. Cael stelc fechan wedyn wrth Dŷ'r Llywodraeth a Thŷ'r Prif Weinidog – adeiladau heirdd Edward Lutyens. Yn ein gwely cyn un ar ddeg neithiwr, ar ôl swper da, wedi ymlâdd yn lân.

Heddiw, cychwyn am Agra efo'r un un dreifar tacsi – mae'n debyg iawn i John Ogwen o ran pryd a gwedd. Cychwynasom yn gynnar, tua saith, cyn i'r gwres ein llethu'n ormodol, a chan ei bod yn siwrnai dair awr a hanner rhaid oedd aros am frecwast mewn tŷ bwyta ar y ffordd. Piblyd o le, drewllyd a budr. Dwi ddim yn meindio rhyw stondinau bach mewn lleoedd dinabman, lle mae pobl dlawd yn ceisio bywoliaeth wrth werthu te a thanjerîns a ballu, ond dda gen i mo hen *establishments* mawr fel hyn a neb yn rhoi cadach ar fwrdd o fore gwyn tan nos, heb sôn am glwt ar y llawr. Lawer gwaith mae John wedi peri imi ddiolch nad oeddwn yn Nhibet efo fo, yn bwyta a chysgu mewn mannau budron iawn ac fel arfer yn byw ar does – a hynny ar ôl gweld dwylo'r wraig oedd wedi ei dylino. Ond math gwahanol o fudreddi yw hynny ac mae rheswm drosto. Ceidw'r Tibetiaid faw a saim ar eu cyrff a'u dillad er mwyn cynhesrwydd, ond diogi oedd budreddi'r caffi hwn a'r oglau'n troi fy stumog mor blygeiniol. Yr oedd gweld y botel sôs coch yn ddigon, heb sôn am weld yr Indiaid yn gwledda ar jips a phethau seimlyd felly cyn naw yn y bore. Pan oeddwn yn dysgu yng Nghenya, arferai plant yr Indiaid ddod â tships oer a wyau wedi'u ffrio oer yn eu bocsys bwyd at amser *tiffin* (cinio cynnar neu fymryn o fwyd at amser chwarae y bore). Hyn oll gan y bobl sy'n medru gwneud y bwyd mwyaf blasus yn y byd. Fodd bynnag, fe fwytaodd John omlet a brechdan yno; ce's innau un gegaid o frechdan ddrwg ofnadwy.

Meddwl lot am Dafydd heddiw wrth dyrchu am Agra. Y mae'n dda na wyddwn i ddim mai allan, ar ben y bws, yr oedd o a'i ffrindiau'n mynd o Ddelhi i Agra pan oedd yno efo'r ysgol oherwydd i'r tymherydd aer dorri a'r gwres yn 130°. Yr oedd heddiw fel bod mewn popty'n crasu. Bûm yn yfed *Fanta* a *Limco* drwy'r dydd a'r rheiny'n gwneud dim math o argraff ar fy syched.

Ydi, mae'r *Taj Mahal* yn werth ei weld; mae'n grand o'i go'; efallai'n rhy grand. Mae'n ddigon hawdd hefru am y crandrwydd ochr yn ochr â thlodi, ond mae lle fel hyn yn destun balchder mawr i bobl y wlad, yn dod ag arian i'r wlad ac yn rhan o'u hanes. Nid oes i'r Cymro grandrwydd aruchel adeiladau i ymffrostio ynddynt, ond mae gennym ni ein hiaith a'n llenyddiaeth, iaith sy'n dal yn fyw a bywiog er ei bod yn bodoli'r drws nesaf i iaith gryfaf y byd. Mae ein cestyll mwyaf a'n tai crand yn perthyn i hil arall, ond ein cyfrinach ni yw'n barddoniaeth ryfeddol. Mae'r *Taj*

Mahal angen *Vim* neu *Mr Muscle*, ffedog fras a brwsh sgwrio. Mae seimiach y canrifoedd yn drwch ar y marmor gwyn mewn rhannau. Mae gen i ofn 'mod i'n ormod o sinig i gael fy llethu gan deimlad wrth edrych arno, er bod gennyf ffrind sydd wedi crio wrth ei weld am y tro cyntaf. Haws gen i grio efo rhywbeth mwy agos-atat-ti, fel 'Wylais waed ar wely Sion' gan Guto'r Glyn neu farwnad Lewis Glyn Cothi i'w fab bach a ysgrifennodd gant a hanner o flynyddoedd cyn adeiladu'r farwnad farmor hon. Gwn ei bod yn dysteb i gariad mawr Shah Jehan tuag at ei wraig Mumtaz Mahal. Bu hi farw yn 1629 ar ôl bod yn briod iddo am ddwy flynedd ar bymtheg a geni pedwar plentyn ar ddeg iddo. Efallai mai gwell ffordd o ddangos ei gariad tuag ati f'ai mynd yn amlach i'w *harem* a pheidio rhoi mân esgyrn i fagu ynddi bob blwyddyn. Wrth gwrs, doedd hyn ddim yn mynd i wneud ei golled fymryn llai, a chysêt yr oes oedd adeiladu'r beddau a'r coffadwriaethau heirdd yma. Denwyd dynion o bob rhan o India ac o ganolbarth Asia i gyd i weithio ar yr adeilad cymesur hwn; ugain miliwn ohonynt, rhai o gyn belled â Ffrainc ac o'r Eidal i addurno campwaith cariad Shah Jehan. Daeth Awstin o Fordo a Verenea o Fenis, ond y pennaf pensaer oedd yr athrylithgar Isa Khan o Shiraz yn Iran.

Annhegwch mawr ddaw i ran y mwyafrif o ferched India, fel Bangladesh a llawer o wledydd eraill y Trydydd Byd. Darllenais lyfr (hint – dylet ei ddarllen!) yn ddiweddar o'r enw *May you be the mother of a hundred sons*, gan Elisabeth Bumiller. Dychrynodd y llyfr hwn fi a dydw i ddim yn dychryn yn hawdd. Mewn un rhan sy'n delio â geni genethod, mae hi'n sôn am gyfarfod a gafodd â phedwar pâr priod sydd wedi penderfynu lladd eu babanod am mai merched ydynt. Y mae talu gwaddol merch pan ddaw'r amser iddi briodi yn ormod i deuluoedd tlawd, a'r unig ateb iddynt yn aml yw lladd y genethod yn eu dyddiau cynharaf. Mae hyn yn digwydd yn aml. Cyfarfu'r awdures â'r cyplau tlawd hyn yn ardal Belukkurichi, Tamil Nadu yn ne India. Ni fyddai talu gwaddol wrth briodi yn arfer gan deuluoedd tlodion ers talwm, ond erbyn hyn mae'r arfer wedi lledaenu i'r teuluoedd tlotaf un hyd yn oed. Gwarth yw bod yn ddi-briod, a heb waddol ni all unrhyw eneth osgoi bod yn hen ferch. Yn ôl y cylchgrawn *India Today* yn 1986, gwenwynwyd tua chwe mil o enethod yn ardal Madurai, Tamil

Nadu, mewn deng mlynedd. Yn aml, aeron y rhoswydden a roddir iddynt.

Tueddir i roi gwell bwyd a gofal meddygol i fechgyn a difethir y rhain yn aml gan adael iddynt wneud fel fyd a fynnont, a'u magu fel tywysogion bach, yn lympiau tewion, blin, a'u chwiorydd meinion yn gwneud popeth drostynt. On'd ydan ni wedi eu gweld yn do? Mae geneth fach yn llawer mwy tebygol o gael ei nych-fagu a marw'n blentyn. Weithiau gellir talu i ddyn ddod i ladd y baban, neu fe wna mam y tad y swydd uffernol. Gellir rhoi'r sudd o'r planhigyn *erukkampal* i'r fechan. Nid yw merch sy'n gweithio'n y caeau yn ennill ond hanner cyflog dyn yn gwneud yr un gwaith, ond collir hyd yn oed hyn pan brioda a rhaid crafu, hel a benthyg i gael gwaddol at ei gilydd ac efallai fod mewn dyled am byth wedyn. Gyda bachgen fodd bynnag, daw gwaddol ei wraig newydd i'r teulu pan brioda, yn ogystal â phâr handi arall o ddwylo i weithio. A phan gaiff teulu hollol ddiymgeledd eu hail ferch . . . beth yw'r ateb?

Nid fel hyn mae pethau i deuluoedd cyfoethog mewn tref fel Bombay, dyweder. Ânt yn aml am brofion amniosentesis i gael gwybod rhyw eu plant cyn penderfynu ai erthylu ynteu cario i'w thymp a wna'r fam ariannog. Mae digon o arian i dalu gwaddol gan lawer ohonynt ond gwarth, er hynny, yw cael merch, yn enwedig os nad oes mab ganddynt eisoes. Mewn rhai rhannau o'r dref ceir yr un prawf i bobl dlotach erbyn hyn, am bris mwy rhesymol, a gwelir ei hysbysebu: *'Better 500 rupees now than 500,000 later'*. Rheswm arall dros ffafrio mab i ferch yw mai gwaith y mab yw tanio'r corff yng ngwasanaeth llosgi ei rieni.

Mae'n ddyletswydd gymdeithasol a chrefyddol ar yr Hindw i ofalu am ŵr i bob un o'i enethod, ac yn aml try hyn yn orchwyl bron yn amhosibl i bobl dlawd, ac yn faich trwm iawn arnynt. Ceir straeon ofnadwy am wŷr yn rhoi eu gwragedd ar dân os nad yw eu rhieni wedi gorffen talu eu gwaddol yn gyflawn. Yn aml hefyd ceir merch yn ei lladd ei hun am yr un rheswm, fel yr unig ffordd allan o briodas sydd wedi mynd yn annioddefol.

Dywedir bod gweddillion yr hen arferiad a elwir *Sati* i'w weld weithiau, sef llosgi'r weddw ar goelcerth corff marw ei gŵr. Ar Fedi'r pedwerydd yn 1987, gwisgodd Roop Kanwar, gwraig weddw ddeunaw oed a fu'n briod am saith mis yn unig, ei gwisg briodas. Eisteddodd ar y priciau a'r coed tân oedd o dan gorff ei gŵr; rhoddodd ei ben ef yn ei harffed a chan lafarganu gweddïau Hindŵaidd, llosgwyd hi. Enwyd y ddefod ar ôl gwraig y duw Shia, wedi iddi losgi ei hun ar gorff ei gŵr. Mae mwy nag un fersiwn sut y digwyddodd hyn i Roop Kanwar yn 1987. Dywed rhai iddi gael ei gorfodi i gymryd opiwm a lladd ei hun yn dawel felly o dan ei ddylanwad. Dywed eraill iddi wneud y dewis ohoni ei hun.

Arferai bywyd gwraig weddw yn India fod yn annioddefol – rhaid deall hyn cyn gallu deall *Sati*. Byddai'n gorfod byw gyda theulu ei gŵr a châi ei beio'n aml ganddynt am ei farwolaeth. Gorfodid hi i gysgu ar lawr; curid a llwgid hi, a hyd yn oed ei gorfodi i gardota weithiau. Yn aml, mwy derbyniol oedd ei llosgi gyda'i gŵr, er mwyn iddi gael mynediad i'r byd a ddaw fel un o'i drugareddau ef. Credai pawb fod *Sati* wedi darfod â bod nes i hanes Roop Kanwar ddod i'r fei, a thaniwyd Deorala â rhyw wallgofrwydd Satïaidd mawr. Efallai iddi fynnu marw; efallai iddi gymryd ei pherswadio i Satieiddio'i hun yn ei galar anodd; efallai iddi gael ei gorfodi. Beth bynnag ddigwyddodd, yr oedd yn debygol o fod yn basport i'r nefoedd a daeth y digwyddiad â lles materol, ariannol i Ddeorala yn Rajasthan. Tyrrodd dau gan mil o bobl yno i seremoni'r *chunri* lle rhoddwyd siôl Roop Kanwar ar ludw'r tân. Tynhawyd cyfreithiau *Sati*'r India wedi hyn. Nid oes gan wraig byth hawl i ddewis ei gŵr yn groes i ewyllys ei rhieni, na hawl i ddewis peidio â phriodi. Ni chaiff ychwaith ddewis faint o ysgol yr hoffa ei chael, na dewis mynd i weithio neu beidio. O leiaf nid yw'n anghenraid arni farw gyda'i gŵr erbyn hyn.

Ydi, mae'r *Taj Mahal* yn hardd, ond i mi nid yw'n cymharu â gwychder hen y pyramidiau, na deffro'n y bore'n chwys domen dail i weld eira oer ar ben Kilimanjaro ar y cyhydedd; gweld mynyddoedd yr Himalayas ac adnabod ffurf Everest am y tro cyntaf, a'r Fenai rhwng y Felinheli a Chaernarfon ar y ffordd adref ar ôl blwyddyn neu ddwy o grwydro, cyn gweld dwy afl yr Eifl rhyngof a'r awyr.

Rwyf yn addo y gwnaf ddweud ein hanes ni yn y llythyr nesaf, ond diawl, mae hyn yn fwy diddorol a difyr tydi? Tan tro nesaf,

Mami.

India o hyd.

4ydd o Awst, 1993.

Annwyl Dafydd,

Am gychwyn oddi yma fory. Ar ôl gweld y *Taj Mahal* ddoe aethom i Gaer Goch Agra. Welaist ti hon? Crand eto! Dychrynllyd o fawr. Rwy'n siŵr fod dim ond gweld adeilad mor fawr yn ddigon i ddychryn gwerin dlawd India ddoe a heddiw, fel y gwnâi castell Caernarfon i'r hen Gymry – er, medret roi'r castell i mewn yn hon lawer gwaith. Mae diffyg gofal, oherwydd diffyg arian, i'w weld ar holl adeiladau hynafol y wlad ac eto, mae llafur yn druenus o rad yma, ond mae angen mwy na dim ond llafur ar yr henebion wrth gwrs. Roedd hi'n herfeiddiol o boeth yn yr amddiffynfa yma heddiw a theuluoedd o'r wlad o'i chwmpas, yn gegrwth yn eu dillad parch, wedi dod am drip. Eu sariau a'u *salwar kameez* (y siwt a wisgir gan wraig Foslemaidd) yn bob lliw a llun, yn aur ac arian, gwydr a thun – dillad bywiog tu hwnt. Rhai o'r teuluoedd yn edrych yn dlodaidd er hynny ac yn wladaidd yr olwg, wedi eu syfrdanu gan y fath le. Yn 1971, a thithau ond yn bedwar mis oed, bu *coup d'etat* yn Uganda a ninnau yno'n byw yn yr *Hotel Apollo*, yn aros am dŷ. Wedi dyddiau o gwffio yn Kampala'i hun, cymerodd Idi Amin yr awenau oddi ar Milton Obote a dweud yn fawrfrydig fod holl adeiladau mawr crand Kampala (doedd yna ddim llawer ohonynt) i holl werin y wlad gael mynd i mewn iddynt i edrych arnynt a threulio amser ynddynt. Ymhen diwrnod neu ddau daeth y *Wananchi* (y werin) i'r gwesty yn un cobra hir o ddawns a chân i dynnu llun Obote i lawr oddi ar fur cyntedd y gwesty, yn ôl traddodiad disodli arweinyddion Affrica. Ychydig a wyddent hwy na ninnau am yr hyn oedd i ddod. Ond y diwrnod hwnnw yng nghoridorau'r gwesty, roeddent yn syfrdan syllu ar grandrwydd y lle. Tebyg iawn oedd yr Indiaid yn y gaer heddiw; wn i ddim beth feddylient pe gwelsent hi'n llawn ysblander a chyfoeth fel yr oedd pan oedd ar ei gorau.

Yfais lond wyth potel o ddiod bigog yn ystod oriau'r prynhawn heddiw. Byth yn pasio dŵr yma'n y dydd (dyna uffar o ffaith ddiddorol i ti!) ond chwysu'r cwbl allan o'm corff. Y chwysu wedyn yn codi smotiau gwres fel brech drosof. Hyn oll ar ben

61

dolur annwyd gyda'r gwaethaf a gefais erioed – wel, dau ohonynt a dweud y gwir, ar fy ngwefus uchaf, a'r ddau'n aml-bigog fel hydra. Maent fel pen rhyw Gawr Triphen oedd yn fy nychryn mewn llyfr pan oeddwn yn blentyn pur fychan. Fedra' i ddim cofio pa lyfr oedd o. Lle'r aeth y llyfrau pleserus hynny tybed? Roedd yna docyn ohonynt a daw'r cof am y teimlad hapus a gawn wrth eu gweld a'u darllen â dŵr lond fy ngheg y munud yma. Chredet ti byth cyn lleied o lyfrau Cymraeg oedd yna i blant hanner can mlynedd yn ôl, ond ymhlith yr ychydig oedd ar gael yr oedd clasuron. Mae llawer ohonynt wedi mynd i ebargofiant erbyn hyn ac ni chlywir sôn amdanynt. Ynteu yn fy nghof i'n unig y maent yn glasuron? Fwynheais i erioed lyfr fel *Dewi a'r Blodyn Llo Mawr*, *Esgidiau Harri*, a'r gorau ohonynt i gyd *Gogi a Seda* wedyn, ar wahân i lyfrau Elizabeth Watkin Jones ychydig yn ddiweddarach. Doedd y cynnwrf o ddechrau llyfr newydd byth yr un fath.

Rhusio o amgylch rhyw feddi digon diflas y buom ni wedyn, yn foddfa o chwys, cyn ei miglo hi'n ôl i Ddelhi efo'r gwyll mewn teirawr ac yn syth i swyddfa *Indian Airways* yn y tywyllwch i ail-ofalu ein bod ar y ffleit i Srinagar yfory. Ydym, hyd yn hyn. Meddan nhw. Mae'r diawl peth yn mynd am wyth yn y bore hefyd a rhaid bod yno erbyn saith. Tacsi cyn chwech amdani felly. Pryd gawn ni beidio neidio o'n gwely heb dipyn o stwyrian cynhesol gyntaf? Fu rioed wyliau mwy blinedig, ond difyrrach ganwaith na glannau'r moroedd, er ein bod yn ein gwely'n fuan bob nos. Allan am swper eto a'r dref yn fywiog iawn heno, a theuluoedd mawr allan yn bwyta am ei bod yn nos Sul. Cawsom fwyd mwy cartrefol ei naws a'i flas heno: cyw iâr a chig moch a tships i John; finnau gyw iâr a mwy o tships na ddyliwn yn fy nhewdwst. Ni fedrwn feddwl am fwyta mochyn yn y wlad hon, wedi gweld lle maent yn rhodianna a bwyta. Hen foch mawr duon, hir eu blew, yn debyg i foch gwyllt sydd yma. Rwy'n meddwl i'r ddau ohonom lowcio gormod o'r cwrw du mawr yn rhy sydyn wedyn – yr oedd mor dda ac mor oer ar ôl gwres afiach y dydd, ac aethom i siarad gormod ac i yfed mwy. Pacio at y bore wedyn cyn sobri'n iawn.

Efallai 'mod i'n euog o feddwl 'mod i wedi gweld rhyw fymryn o'r byd. Dywedodd llipryn gwyn wrth ei fêts yn y lle bwyta heno,

'*Make life!*' Yr oedd wedi tyfu ei wallt, gwisgo fest a throwsus blodeuog, dod i India am fis ac wedi deall y cwbl meddai dy dad! Minnau, wedi un botel fawr o gwrw ar ddiwedd diwrnod mwyaf sychedig fy mywyd, wedi mynd i gymryd yn ganiataol ein bod ni'n dau wedi hen ddeall y cwbl sydd yna i'w ddeall . . . !

Kathmandu sy'n lle da i weld pobl od. Wyt ti'n eu cofio? Lot o hen hipis yn ceisio ail-fyw eu hieuenctid, neu wedi aros yng Nghathmandu ers y dyddiau hynny. Dyn a ŵyr ar beth mae rhai ohonynt yn byw – rhieni cyfoethog yn Awstralia neu America mae'n debyg. Roeddwn yn hoff o gaffis budron Kathmandu (ond nid rhai India), lle mae pawb mewn breuddwyd ar ôl smocio'r smôcs melys a phawb yno'n hapus a chlên. Ar yr un gwynt yr oedd pethau a ymddangosai'n ddigon od i rai o'n gwareiddiad ni yno. Wyt ti'n cofio ffenest siop ffotograffydd a llun o efeilliaid Siamaidd wedi marw yn y ffenest? Gosodwyd y pâr bychan yn sownd wrth ei gilydd i orwedd ar glustog felfed goch cyn tynnu eu llun a'i arddangos fel hyn, fel lluniau'r cowbois 'drwg' a saethid gan y sheriff cyn tynnu eu lluniau i ddangos beth sy'n digwydd i bobl ddrwg. Bum munud yn ddiweddarach, mewn stryd gyfagos, gwelsom blant yn chwarae â thegan rhyfedd iawn. Yr oedd ganddynt ffon fechan tua thair troedfedd o hyd, llinyn yn sownd wrthi ac yn crogi o'r llinyn yr oedd llygoden fawr, a'r hwyl oedd rhedeg ar ôl ei gilydd a dychryn y naill a'r llall efo'r llygoden. Pa nafadychoedd oedd yn y llygoden, dyn a ŵyr; wn i ddim a oedd hi wedi marw ai peidio, ond roedd y plant yn cael coblyn o hwyl!

Mae dywediadau bon-motaidd ar ochrau'r ffyrdd yma, a'r rheiny yr un mor sobor â'r rhai wrth ymyl Darjeeling. Pam maent yn Saesneg, wn i ddim:

> Greatest dangers on the road,
> Liquor, speed and overload.

ac

> Undertaker loves overtaker.

Edrych ymlaen yn eiddgar at fynd i Gashmir, er ei bod yn siom braidd na chawn weld Ladakh, sydd yn swnio fel nefoedd fach ar y ddaear lle mae pawb o bob cred yn cael llonydd i fyw. Ond mae perygl mawr i hyn ddiflannu yn yr ugain mlynedd nesaf oherwydd byddin India, y Kashmiriaid a'r ymwelwyr. Arferai bardd o'r enw Andrew Harvey fyw yno, a dywedir iddo unwaith ofyn i hen Lama beth allasai ef, fel ysgrifennwr, ei wneud i gynorthwyo'r wlad i gadw'i thraddodiadau'n fyw. Gwenodd y Lama a dweud, 'Mae popeth yn darfod a diflannu. Byddwch dyst i'r hyn a fuom ni. Rhannwch yr hyn a roesom i chwi'. Atebodd y bardd, 'Nid yw hyn yn ddigon'. 'Nac ydyw, ond mae'n rhywbeth,' oedd ateb y Lama.

Ni ellir mynd i Ladakh ar hyd y ffordd ond rhwng mis Mai a mis Tachwedd. Rhyw le ara' bach sy'n symud wrth ei bwysau ydyw a'r bobl yn addfwyn a diniwed a chrefydd yn rhywbeth hollol naturiol iddynt, fel i weddill India. Cred rhai na ddylid meddwl am fynd yno ar awyren mewn dwyawr o Ddelhi; dylid dod yno'n araf. Arferai gymryd pythefnos i gyrraedd yno efo'r garafán o Srinagar ers talwm; gellir mynd yno mewn dwyawr gyda bws heddiw, sy'n dipyn gwell na hedfan. Dywedir bod aros yno am ychydig ymysg y mynyddoedd rhyfeddol yn gwneud i bowldrwydd dyn ddiflannu. Gwêl y Ladakhiaid bobl y Gorllewin yn fodau trist iawn, gan nad yw'r Ladakhiaid byth yn curo'i plant na byth yn gas wrth neb.

Trist yw fod popeth arbennig fel hyn yn cael rhwydd hynt i ddarfod gennym – pethau bychain da. Yn Tibet mae'r bobl mor ffond o bob anifail fel na allant feddwl am ladd dim, ond os aiff yn rheidrwydd arnynt gwell ganddynt ladd un enaid mawr fel yr *yak* na llawer o eneidiau bychain fel llond rhwyd o bysgod neu lond clwyd o gywion ieir. Ond mae hyd yn oed lladd yr *yak* yn anodd iawn iddynt. Aiff y ffermwr at yr *yak* gyda'r nos, y peth diwethaf cyn mynd i gysgu, a stwffio mwd i'w ffroenau a'i geg. Aiff ati wedyn gyda'r wawr a'i gael yn farw, a dywed wrtho'i hun, 'A, mae fy *yak* druan wedi marw o ryw anaf yn ystod y nos,' a gollynga ddeigryn trosto wrth argyhoeddi'i hun ei fod ef yn hollol ddiniwed.

Yna cawn anfadwaith y dyn rhyfedd a mawr yn ei ffordd ei hun, Francis Younghusband, yn gallu lladd 23,000 *yak* yn Lhasa. Peth ofnadwy yw dau ddiwylliant yn clecian yn erbyn ei gilydd fel hyn a'r diwylliant cryfaf heb rithyn o gydymdeimlad tuag at y diwylliant gwanaf. Hwn i mi yw'r pechod gwreiddiol – ymerodraethau'n trechu pobl fach ac yn mynnu newid eu ffordd o

John ar gwch ym Mangladesh

Merched hel clytiau, Bangladesh

Plant bach Bangladesh yn dysgu'r Coran

Siop mewn ardal dlawd o Dhaka

Pictiwrs yn D.I.T.1, Dhaka

Merched malu brics, Dhaka

Gwella'r clefri poeth yng nghlinig y priosect gwnïo yn Dhaka

Gwartheg o Dhaka yn disgwyl am gael eu haberthu

Sychu dillad yn Delhi

Torri gwellt, India

Dyn y cobra, Agra

John yn gwisgo lungi *mewn mosg yn Delhi*

Torri gwellt ger y Gaer Goch

Dyffryn Kashmir

Plant o ddyffryn Kashmir gyda 'Mair a Joseff' yn y cefndir

Stryd yn Srinagar, Kashmir

Gulam a'i wraig a dwy o'i enethod, a merch hynaf Gulam

Y bad-dai ar lyn Dal

Gwenllian ar y bad-dy

Dwylo wedi eu haddurno â henna

fyw. Arferai Owain Owain ddweud yn aml yn ei ddosbarthiadau nos, 'Perchwn amrywiaeth'. Mae'r ffaith ein bod yn gwybod cyn lleied am bobl y rhan yma a rhannau eraill o'r byd yn fy nychryn i, a'r ffordd yr ŷm yn meddwl ein bod ni yn y Gorllewin yn hollwybodus bron. Yr oedd ein morwyn yn Uganda yn medru siarad pedair iaith heb gael mwy na dwy flynedd o ysgol. Gallai siarad iaith ei llwyth ei hun o ogledd Tanzania i'r gorllewin o lyn Fictoria; Luanda, iaith y Buganda o gyffiniau Kampala; Swahili, *lingua franca*'r wlad, ynghyd â iaith y llwyth Toro y bu'n byw yn eu mysg am dipyn. Yr oedd ganddi grap ar Arabeg o ryw fath, a digon o Saesneg i ddweud wrthyt ti unwaith pan oeddet yn flwydd oed a chyn cychwyn am dro, '*Say ma mamma bye-bye*', '*Raini him am coming*' a llawer o bethau bach eraill digon annwyl. Gallai'r dreifar tacsi fyddai'n eich nôl chi'ch dau o'r ysgol yn Mauritius siarad Urdu (Pacistani o Fauritian oedd), Arabeg i fedru darllen y Coran fel y dylai gael ei ddarllen – yn y gwreiddiol, Ffrangeg i siarad efo llawer o bobl yr ynys, Hindi i siarad ag Indiaid yr ynys, Creole sef iaith bennaf yr ynys, a Saesneg i siarad â phethau dwl fel fi. Mae'r byd yn llawn gwledydd ac ieithoedd bychain na chlywsom sôn amdanynt, ond rydym ni'n medru cael ein synnu pan ddywed rhywun wrthym ar ein trafals na chlywsant erioed am Gymru. Nid yw hyn mor wir heddiw ag yr oedd, ugain mlynedd yn ôl dyweder. Yr enw a grybwyllir bennaf wrth enwi Cymru yw Ryan Giggs, diolch amdano. Yn Nepal yn unig trig Tibetiaid, Monpa, Apa Tani, Dolpo-Pa, Gurung, Dards, Newa, Bhotia, Kashmiri, Kumaoni, Magar, Tharu, Takali, Tamang, Rai, Limbus, Sherpa, Naga – y rhain i gyd â'u hieithoedd gwahanol, crefyddau amrywiol neu rannol amrywiol, a'u hwynebau hollol wahanol i'w gilydd. Bychan iawn hefyd ŷm ni'r Cymry, ond yr un mor arbennig â phob un o'r rhain.

Dyna ddigon o falu cachu am un noson yntê! Newydd gofio rŵan am un dywediad arall ar y ffordd fawr –

Go, man, go.
But very slow!'

Nos dawch a chariad,
Mami.

Annwyl Mam,

Fi, o bawb, yn cysgu'n hwyr! Deffro am chwarter i chwech efo'r cur pen mwyaf diawledig. Ia, dwi'n gw'bod, yfed cwrw du neithiwr, hogan ddrwg, ond ŵyr neb be 'di syched os nad yw wedi cael y stwff fel llefrith neu hufen trwchus, gwyn yn cronni y tu mewn i'w geg drwy'r dydd fel nad oes bosib ei boeri na'i lyncu. Llyncais dair parasetamol cyn chwech a chysgu'n ôl yn braf, a deffro awr yn hwyr! Coblyn o ras wedyn i'r tacsi, i'r maes awyr ac i'r awyren yn un brys gwyllt. Chawsom ni ddim amser i wneud yn siŵr o sêt i ddod yn ôl ddydd Gwener. Teimlo'n bur sâl ar yr awyren oherwydd y rhusio boreol. Fedra' i ddim delio efo ras yn y bore, yn wahanol i John na wnaeth ddim erioed yn ei foreau ond rhusio. Dydw i'n da i ddim heb fedru dadmer rhywfaint mewn dôs helaeth o gaffin cyn medru wynebu diwrnod arall. Fe ddeuthum ataf fy hun ar ôl torri tipyn o wynt a medrais fwyta brecwast o wy wedi ffrio, tomato a tships am 8.30 a.m. fel petawn wedi fy ngeni a'm magu yma! Mango, paw-paw a choffi wedyn yn yr awyr. Cofiaf inni unwaith gael wyau seimlyd efo sbinais cyn chwech y bore ar *Air Egypt*.

Mae'r cwch yr ydym yn aros ynddo yn hen ffasiwn Rajaidd braf ac yn rhyw ddechrau mynd yn siabi, yr union beth sy'n apelio atom ni'n dau – rhyw ffasiwn diwedd-era felly. Yr oedd diogelwch yn gryf iawn yn y maes awyr; mae milwyr India ym mhobman – yn y maes awyr, yn y dref ac yn y wlad o amgylch. Dychryn gweld cymaint ohonynt. Gynnau ym mhobman. Mae Kashmir rhwng India a Phacistan gyda'r amryfal erchyllterau, wedyn dyna fo, arnom ni mae'r bai, nid am y rhyfel ond am y ffaith ein bod ni yma ac yn gwybod fwy neu lai beth i'w ddisgwyl, a fedr pethau ddim bod yn waeth nag Uganda yma, am wn i. Mae cyrffyw yma hefyd rhwng cyfnos a gwawr, felly fydd dim crwydro am fwyd gyda'r nos am dipyn. Yn lle hyn mae gennym ein cogydd ein hunain i edrych ar ein holau yn y tŷ-cwch cerfiedig. Bydd colled am gael crwydro o gwmpas i chwilio am fwyd gan fod hyn yn un o hoff bethau John mewn lle dieithr, ac wedi bod yn rhan bwysig o bob gwyliau gawsom erioed – gweld a dysgu llawer iawn wrth grwydro'n y gwyll ym mhobman. Gwlad ddialcohol yw Kashmir, gwlad Foslemaidd, ac felly'n llawer nes yn ysbrydol at Bacistan nag at India.

Yn y bedwaredd ganrif ar ddeg y trodd Kashmir at Islam, ar ôl bod dan ddylanwad Bwdïaeth am ganrifoedd,a chyn hynny credent yn y *Nagas*, sef bodau hanner dynol, hanner seirff oedd yn byw yn y llyn. Yn y bedwaredd ganrif ar ddeg daeth Shah Hamadan (arweinydd Persiaidd) a'i ddilynwyr i Gashmir i ymguddio, a dod â'u crefydd gyda hwy. Daeth gweu carpedi a gwaith *papier-mâché* i'r wlad ac maent yn llewyrchus yma o hyd, er nad oes ymwelwyr i'w prynu erbyn hyn. Yn 1585, pan oedd Bess yn teyrnasu arnom ni, daeth Kashmir yn rhan o ymerodraeth fawr y Moghuliaid, a Jahangir a Shah Jehan fu'n gyfrifol am lunio'r gerddi Moghulaidd sydd yma o hyd ar lannau llyn Dal yn Srinagar. Gyda gwanio'r Moghuliaid aeth pethau'n flêr unwaith eto ac ym mhumdegau'r ddeunawfed ganrif, pan oedd Goronwy Owen yn barddoni, daeth brenhinoedd y Durrani o Afghanistan i Gashmir, ac ar eu holau hwy, y Sikhiaid. Daeth Prydain Fawr i mewn i'r hanes gan ymgymryd â materion allanol y wlad a gadael i'r maharajah reoli'n fewnol, ond ni chaniateid i Brydeinwyr y Raj o India feddiannu na phrynu tir yng Nghashmir (rhyfeddol!). Gan eu bod mor hoff o ddod yma ar eu gwyliau, dyma adeiladu bad-dai fel ateb i'r gwaharddiad.

Yn 1957 daeth Kashmir yn rhan o India. Mae'n amhosibl mynd i'r ardal rhwng Kashmir a Phacistan, fel ag y mae yn yr ardal rhwng Ladakh a Tsieina, gan i Tsieina geisio dwyn ardal Aski Chin yn Ladakh. Kashmir yw'r unig dalaith Foslemaidd yn India ac mae'n eithriadol o hardd, yn fynyddoedd a dyffrynnoedd, a dywed Mark Tully am Ddyffryn Kashmir:

It is a paradisc, with its emerald-green rice-fields, saffron, fragrant fruit-blossoms, and almost any flower known to man. Alpine meadows, pine-forests, and magnificent lakes are surrounded by the Himalayas. It's fast-running streams are full of trout.

Amhosibl peidio ag edrych ymlaen am frithyll i swper a gwlad dlos o amgylch.

Mae mil a thri chant o'r bad-dai ar y llyn a'r afonydd. Rhai o goed pîn ydynt, wedi eu cerfio â phob math o addurniadau cymhleth a diddorol, ac er yn bîn o'r tu allan, pren cedrwydd yw'r tu mewn. Mae'r dodrefn yn hen ffasiwn a'r gwely'n hynod galed, sy'n iawn, ond mae'r golau darllen yn sobor. Y *Shumbala* yw enw ein cwch ni – rhaid holi beth a olyga'r gair. Mae dau arall ar eu gwyliau arni'n barod, ond yn mynd yfory. O'r Swistir y dônt ac Andras yw enw un, ond wnes i ddim deall yn iawn beth ddywedodd y llall. Wn i ddim ai tad a mab 'ta dau ffrind 'ta dau gariad ydynt – anodd dweud. Wn i ddim a oes ymwelwyr eraill o gwmpas ar y cychod eraill; mae hi'n edrych yn od o dawel ym mhobman. Bydd yn reit braf peidio gweld wynebau gwynion o gwbl am dipyn, er cofiaf yn Uganda yn 1971/1972, ar ôl dwy flynedd yno, fel yr oeddwn wedi 'laru gweld wynebau duon. Heddiw yw'r tro cyntaf ers blynyddoedd imi feddwl mewn termau du, brown a gwyn. Ni fyddaf yn cofio weithiau pa liw yw pobl. Ond rwy'n cael y teimlad heno, yn bennaf oherwydd diffyg arwyddion o ymwelwyr eraill a chroeso gwallgof y gwas, ein bod efallai wedi dewis y lle anghywir i ddod am wyliau. Amser a ddengys.

Y rheswm pennaf dros feddwl hyn yw mai prin yfed ein paned gyntaf ar fwrdd ein bad-dŷ gawsom, rhwng y lilïod a'r lotws, pan ddaeth saethu o rywle pur agos. Daeth tua ugain ergyd o fwy nag un gwn. *'Here we go again,'* meddai John, a drylliwyd y nefoedd yn y fan a'r lle. Nid wyf yn meddwl imi glywed sŵn gynnau ers inni adael Affrica yn 1974, ond dydi o ddim yn sŵn y gall dyn ei anghofio. Bûm am fisoedd ar ôl dod o Uganda yn neidio wrth glywed clep sydyn ar ddrws hyd yn oed. Ymhen eiliadau'n unig ar ôl yr ergydion, sgidadliodd hogiau ifanc ar frys mawr drwy'r dŵr reit wrth y *Shumbala*, yn eu dillad, ac i gwch bach ar draws y llyn. Roedd y pen-cogydd, Rasheed, yn dweud ein bod yn berffaith saff ar y cwch mawr, ac mae'n bur debyg ein bod ni, ond rhyw hen deimlad digon annifyr oedd o chwarter awr ar ôl cyrraedd. Mae Rasheed yn berffaith sicr fod Allah yn gwylio trosom, medda fo, ac atebodd John nad oedd hynny'n ddigon, ond credem nad oedd pethau mor ofnadwy â hynny gan i'r bechgyn ifanc aros am ychydig eiliadau i dynnu eu hesgidiau cyn neidio i'r dŵr. Petai dynion y gynnau'n nes atynt, go brin y buasent wedi trafferthu efo'u hesgidiau.

Erbyn canol dydd (yn y bore'r oeddem wedi cyrraedd), yr oedd y cymylau'n codi tu draw i'r llyn a'r mynyddoedd rhyfeddol yn dod i'r golwg, a phopeth yn ymddangos yn hamddenol o'n cwmpas wrth inni eistedd allan ar y gwelyau pren sydd ar ddec y cwch. Pobl ar gychod bach o'n hamgylch ym mhobman – rhai cychod yn dacsis dŵr, a merched yn rhwyfo; rhai yn gwerthu dŵr yfed, diod bigog ac eraill lysiau. Maent oll yn siopau bach symudol yn mynd o un bad-dŷ i'r llall. Lleiaf yn y byd o bobl sydd ar eu gwyliau yma, mwyaf yn y byd o'r siopau bach sy'n heidio o'n cwmpas ni. Petaem wedi cyrraedd yma hanner awr yn unig yn hwyrach nag a wnaethom, buasem yn credu ein bod yn y lle brafiaf dan haul.

Mae'n debyg y byddwn gartref cyn y llythyr hwn, felly ni fydd raid i chi boeni fod rhywun wedi ein saethu!

Mi sgwennaf eto cyn diwedd yr wythnos.

Cariad mawr,
Gwenllian.

Ar fwrdd y *Shumbala*,
Llyn Dal,
Srinagar,
Kashmir.

Gyda'r nos.
Y diwrnod cyntaf.
5ed o Awst, 1993.

Annwyl Loli,

Clywsom fymryn o saethu pan gyraeddasom y lle yma ond fu dim byd wedyn drwy'r dydd, ond fe'n cynghorwyd ni i beidio mynd i mewn i ganol y dref heddiw beth bynnag. Mae Srinagar yn dref boblog o tua chwe chan mil, ond mae'r rhan yma o'r dref i'w gweld yn eithaf tawel ar y funud, felly aethom am dro yn y pnawn. Cyn mynd, cawsom ein gwthio a'n perswadio â llawer iawn o hen fargeinio diflas i fynd am drip yfory. Roedd y dyn tripiau am inni ei thripio hi'n solet o hyn i'r eiliad y byddem yn gadael, a hynny er budd personol mawr iddo fo'i hun mae'n siŵr. Dydw i ddim eisio treulio'r diwrnodau'n gwneud dim ond rhuthro o un lle 'diddorol' i'r llall, yn troelli'n wyllt mewn car ar gamffyrdd yr Himalaya o dop un dyfnjiwn i dop dyfnjiwn arall. Mae'r cof am siwrnai fws o Kathmandu i Pokhara ar sêt heb sbrings, a landio ar lin rhyw Sherpa bach main hanner fy maint bob hyn a hyn yn rhy fyw yn fy nghof o hyd. Fodd bynnag, yr ydym wedi gwneud trefniadau i gychwyn am wyth bore fory – tua thair awr o siwrnai yn y car – i'r mynyddoedd yn rhywle, yna rhyw dair neu bedair awr o gerdded ar ôl cyrraedd cyn cychwyn oddi yno er mwyn bod dan do cyn y cyrffyw.

Mynd am dro bach hamddenol wnaethom ni'r pnawn 'ma ar ôl cinio o gig dafad ar yr asgwrn – nid cig oen mohono'n bendant, a doedd hi ddim yn goes las chwaith. Roedd mewn stiw ac yn ddigon blasus, efo reis, moron a cholifflŵar. Sudd afal lleol wedyn – mae'r wlad yn berwi o afalau – er mai dipyn yn or-felys oedd. Buom yn cerdded mewn coedwig ac yr oedd rhybudd ar y giât i bobl gadw at y llwybrau gan fod nadroedd gwenwynig ac ymlusgiaid yno. Wedi byw blynyddoedd mewn gwledydd poethion, dim ond dwy neidr welais erioed – un yng Nghae Main, Maesyneuadd, a honno'n fach fach, ac un peithon droedfeddi o hyd yn Uganda. Ar ôl ein tro yn y goedwig, heb weld yr un ymlusgiad byw, aethom am dro mewn cwch bach – *shikara* yw'r enw lleol arnynt – am ddwyawr ar y llyn. Cwch i ryw hanner gorwedd arno yw'r *shikara*, gyda matras a chanopi drosto i gysgodi rhag yr haul, ac yn rhatach a diocach na gondola yn Fenis. Cawsom ein rhwyfo'n hamddenol drwy sianeli culion rhwng gerddi o lotws, ciwcymerau a thomatos yn nofio ar wyneb y dŵr. Teimlwn fel rhywun yng Nghaniad Solomon! Popeth yn tyfu mewn mwd rhydd a dim angen gwrtaith o gwbl. Meddwl am Cynan a'r lotws a'r mwsg wrth nofio'n gysglyd drwyddynt. Wn i ddim imi fwynhau fy hun gymaint ers blynyddoedd – y fath heddwch rywsut, a hynny mewn gwlad lle mae rhyfel. Heddwch tu mewn i mi ydoedd, gan hunanol anghofio problemau'r bobl sy'n gorfod byw yma o ddydd i ddydd. Adar o'n cwmpas yn llond y lle a'r rheiny'n hollol ddof a di-ofn. Mae'r bobl sydd i'w gweld o gwmpas y llyn yn byw ac yn bod ar y dŵr, yn ôl ac ymlaen ar eu cychod bach, a llawer yn ceisio gwerthu a hwrjio pethau inni nad ydym eu hangen na'u heisiau. Ysgrifennu hwn ar ddec y bad-dŷ efo paned a siocled â chnau ynddo brynodd dy dad o un o'r cychod bach; siocled cartra da. Mae glas y dorlan yn eistedd ar goeden yn ymyl a chanu pob math o adar bach i'w glywed. Yr haul yn prysur fachlud y tu ôl i'r mynyddoedd ond y foment hudol yn diflannu wrth i ddyn ddod i fynnu 'mod i'n prynu cardiau post ganddo. Mae'r cychod bach yn gwibio adref yn y gwyll cyn i ddeddfau'r nos ddisgyn a'u dal. Mae'r plant yn gweiddi, yr adar heb ddistewi'n hollol a rhywbeth tebyg i gornchwiglen yn gweiddi'n rhywle. Y plant ar un o'r cychod yn ymyl yn llafarganu rhyw gêm. Meddyliais eiliad yn ôl fod ceffyl yn gweryru ar lan y llyn ond yn od iawn, aderyn oedd, a wir yr, llais fel ceffyl ganddo!

Gwaethygu mae'r hyllbeth – y dolur annwyd – yn yr haul wrth gwrs. Rwy'n ymdebygu i Hitler bob dydd gan fod y briw union lle'r oedd ei fwstásh bach hyll o. Mae hi'n nos yma erbyn hyn, ond yn ddim ond un yn y pnawn acw. Meddwl beth wyt ti a Dafydd yn ei wneud tybed. Lot o bobl yn gofyn pa iaith mae John a finnau'n ei siarad ac wedi inni egluro, nid oes sôn am hyd yn oed Gigsi, dim ond *'Ah! Prince of Wales – very famous!'* Gwneud rhyw 'stumiau ac ysgwyd fy mhen fydda i i drio dangos nad wyf yn gwirioni ar y drefn honno; amhosibl fai trio egluro. Ond maent yn deall *'No English'*.

Ceir enwau anhygoel o goman a Seisnig ar y bad-dai gan eu bod wedi cadw llawer o'r enwau gwreiddiol. Mae'r *Moon of Kashmir* yma wrth ochr y *Raj Mahal* a'r *British Empire*. Sigla *Solomon a Sheeba* ochr yn ochr â *Shiraz* a hyd yn oed *Rolex* – un o'r ychydig enwau newydd mae'n debyg. Cau mae'r lotws gwyn a'r lotws pinc am y noson, a thynnu tuag adref mae'r gwerthwyr saffrwn, lapis laswli, bisgedi a siolau Kashmir heirdd. Mae mwy o sêr nag o awyr yma heno bron ac maent yn agos, agos atom. Mae'r trydan annibynadwy wedi hen ddiflannu ers amser swper, ond rhywsut, nid yw hynny'n cyfri o gwbl.

Wyddat ti fod traddodiad yng Nghashmir i Iesu Grist fod yma ddwywaith – y tro cyntaf pan oedd yn dair ar ddeg oed ac wedyn ar ôl yr atgyfodiad? Dadleua'r Athro Fida Mohammad Hassnain i'r Iesu ddod yma'n llanc ar hyd y Ffordd Sidan a thrwy Bersia, gan fod llawer o Balesteiniaid wedi crwydro yno'r adeg honno, a bod hyn yn egluro'r ffaith nad oes yn y Testament Newydd sôn am ieuenctid Iesu Grist. Mae bedd yn Srinagar a dywedir mai bedd Crist yw. Yn 1887 dywedodd hanesydd Rwsiaidd o'r enw Nicolai Notovich iddo ddod o hyd i ddogfen yn Hemis, mynachdy Ladakhaidd, yn sôn am ŵr sanctaidd o'r enw Issa ddaeth i Gashmir â charfan o'r Gorllewin. Issa yw Iesu mewn Arabeg ac mae ei Issa ef yn gwneud a dweud pethau tebyg iawn i Grist y Testament Newydd yn ôl Franz Alt, yr Almaenwr o Gristion a ysgrifennodd yr erthygl ddiddorol a ddarllenais. Dywedir i'r Iesu bregethu yn India am Dduw 'y Tad', Duw cariad yn hytrach na Duw dialgar, ac iddo bregethu yn erbyn y system ddosbarth ddieflig oedd ac sydd yn y wlad. Dywedai ef fod pawb yn blant i Dduw ac na wna Duw wahaniaethu rhyngddynt. Mae bedd yn Srinagar, yn yr hen ddinas, i 'Yuz Asaf y Proffwyd'. Enw Arabeg arall yw hwn sy'n golygu 'Iesu'r casglwr'. Mae'n gwneud i ddyn feddwl am y geiriau yn y Testament Newydd am yr iâr yn casglu ei chywion o dan ei hadenydd, yntydi? Yn ôl yr Athro Hassnain, yr un yw'r Yuz hwn ag Issa, sef yr un un â Iesu Grist. Mae llywodraeth India'n gwrthod rhoddi caniatâd i agor y bedd. Cred Hassnain i Grist fyw i fod yn hen yng Nghashmir ar ôl ei groeshoelio, gan iddo ddweud ei fod yn mynd i'r lle y daeth ohono, hynny yw, Kashmir, lle bu'n byw pan oedd yn ŵr ifanc. Mae yma hefyd gred (fel yng Nghymru gynt) fod rhai o'r Kashmiriaid yn ddisgynyddion i Israeliaid. Mae dyn o'r enw Basharat Saleem yn mynnu ei fod yn ddisgynnydd i Grist. Gwir 'ta chwedl? Does neb a ŵyr, ond mae hi'n goblyn o stori ddifyr yntydi?

Moslemiaid yw 95% o boblogaeth Kashmir – hyn sy'n creu'r tyndra mawr gydag India a hyn yw'r magnet sy'n eu tynnu tuag at Bacistan wrth gwrs. Mae rhai miloedd o Hindwiaid o India wedi arfer dod ar bererindodau i'r wlad ac maent yn dal i ddod, er, llai ohonynt mae'n debyg. Ond mae byddin anferth India yma i weld na ddigwydd dim iddynt pan ddônt. Un bererindod enwog yw'r un lle cychwynnir cerdded o Sonamarg i fyny i Linga lle mae rhew naturiol ar ffurf pidlen. Yn ôl yr Hindwiaid, dyma amlygiad daearol o bidlen y duw Shiva a heidiant yno i'w gweld.

Wedi blino ysgrifennu yng ngolau pedair cannwyll a lamp wan.

Nos dawch, cariad,
Mami.

Kashmir.

6ed o Awst, 1993.

Annwyl Dafydd,

Wedi blino'n lân heno, ond yn cael rhyw deimlad braf a rhydd o ddadflino wrth eistedd i ysgrifennu a phaneidio yn y gwyll fel hyn ar ddec y *Shumbala*. Cyfyd awelon bach ysgafn a chynnes oddi ar y llyn ac mae sŵn sugno'r dŵr o dan y cwch yn fy suo'n ddiog.

Cawsom ddiwrnod hir iawn. Ar gwch bach i'r lan i gyfarfod ein car a'n dreifar ben bore a chychwyn am ben pellaf dyffryn Lidder, i le o'r enw Pahalgam, a phen draw'r byd go iawn. Wyt ti'n cofio Morgan, yn hen beth bach iawn, yn gofyn i Nain ar ôl cael gwybod mai i Kuwait yr oeddet ti wedi mynd, 'Fan'no mae'r lôn yn darfod ia?' Wel mae yna lôn yn darfod yn Pahalgam beth bynnag. Cymerasom deirawr a hanner i gyrraedd y pentref. Mae'r fyddin Indiaidd ar gongl pob stryd a gwaeth. Roeddem wedi gobeithio mai dim ond yn Srinagar y byddent mor amlwg ond maent ym mhob un stryd ym mhob mymryn o bentref. Yn y ddinas hon mae ganddynt gorneli bach wedi eu gwneud yn saff gyda sachau'n llawn tywod a rhwydi drostynt, fel y gweli di luniau o ryfel go iawn. Anodd edrych arnynt heb deimlo ofn wrth weld eu gynnau. Mae'r holl wlad druan dan warchae go iawn, fel hen luniau o Ffrainc o dan y Natsïaid. Mae'n rhyfeddol cyn lleied wyddom ni am wledydd sy'n dioddef fel hyn. Cofiaf ddarllen gwaith gan Trevor Fishlock ryw dro, lle soniai am ddod adref i Loegr ar ôl bod i ffwrdd yn hir a gweld cymaint o bobl â'u pennau rhwng clustffonau *Walkman*. Teimlai fod y clustffonau hyn yn symbol o rywbeth mwy, sef fod pobl y wlad yn fyddar i hanes gwledydd eraill y byd. Am Loegr, darllener Cymru. Fûm i erioed mewn gwlad dan warchae o'r blaen ac nid yw'n deimlad braf; wn i ddim sut y buaswn yn teimlo petawn i'n Gashmiri, ond mae fy nghalon yn brifo trostynt.

Bachgen ifanc at dy oed di oedd ein dreifar heddiw, a siaradai Saesneg pur dda. Roedd yn ein trystio ddigon i fwrw'i fol go iawn wrthym am gyflwr ei wlad a'i phobl, a'i deimladau naturiol tuag at y fyddin Indiaidd. Dywedai ei gŵyn yn blaen, a chŵyn ei bobl. Mwya' sydyn, yr oedd lorri fawr â chanfas drosti a berthynai i'r fyddin wedi aros o'n blaenau, ac un arall yr un fath y tu ôl inni, a milwyr yn heidio allan o'r ddwy. Amser cachu'n drowsus! Bu'n rhaid stopio wrth gwrs. Doedd yr un ohonom wedi gwneud dim o'i le o gwbl, ond roedd bod yn fachgen ifanc o Gashmiri'n gyrru car yn ddigon. Mewn sefyllfa o'r fath fel arfer, buasai dyn lleol yn saffach am fod pobl o wlad arall gydag ef, gan na hoffir i ymwelwyr gario straeon cas allan o le fel hyn. Poenem fwy wedyn, o ofn byddin nad oedd ffeuen o wahaniaeth ganddi beth feddyliai pobl o'r tu allan. Dechreuais feddwl bod pethau hyd yn oed yn waeth. Efallai nad oeddem am ddod oddi yma byth eto! Na, all hyn ddim bod yn wir, meddyliais, ond beth bynnag oedd ganddynt dan sylw rhaid oedd bod yn ddistaw a gwneud dim pryfôc. Mae dy dad wedi bod mewn sefyllfaoedd annifyr fel hyn efo milwyr, ac efo rhai meddw hefyd, cyn hyn, yn Affrica, felly yr oedd yn rhaid gwneud yr hyn ddywedai ef! Galwyd ar ein dreifar Hussein o'r car a'i arwain i lawr y ffordd ychydig lathenni, ac erbyn hyn yr oedd y fyddin wedi mynd i'r afael â mwy o'i gyd-wladwyr, wedi eu llusgo o'u ceir ac yn eu cystwyo. Eistedd yn y car a pheidio edrych ddaru ni – efallai y byddi'n ein gweld fel y Lefiad a'r Pharisead – ond gwyddom o'n profiad bellach mai gwaeth cweir fuasai Hussein wedi ei chael petaem ni wedi ymyrryd. Waeth heb na dadlau am hawliau dyn efo milwyr a gynnau – dy saethu gei di mewn rhyw lôn gefn gul, cred fi, ac roedd y milwyr i'w gweld yn bur wallgof erbyn hyn.

Yr oedd eu hofn arnaf, rhaid imi gyfaddef, ac anodd oedd peidio meddwl am yr erchyllterau ddigwyddai i unrhyw un fai'n dod i hafflau byddin Amin ers talwm. Gwelsom drwy ryw gipio edrych yn ôl weithiau fod ein dreifar wedi cael ei orfodi i fynd ar ci bedwar ar lawr fel anifail, ac fe'i gwelsom yn cael dwy gelpan go hegar efo ffon. Yr oedd rhywbeth annymunol iawn ynghylch y milwyr hyn; rhyw glwt du fel sydd gan y *Foreign Legion* yn hongian ar eu gwar ond bod y rhain wedi troi'r clwt nes ei fod yn fwgwd am y geg a'r trwyn fel nad oedd modd i neb eu hadnabod. Yn wahanol i'r rhan fwyaf o bobl India, yr oedd y rhain yn hen labystiaid mawr cryf a chas a chaent wneud fel fyd a fynnent. Mi ddeuda' i o ac mi ddeuda' i o eto, chwedl Ifas y Trỳc: wyddom ni mo'n geni yng Nghymru. Mae'n debyg y buasai'r gyrrwr wedi ei chael hi'n waeth petaem ni heb fod yno, gan fod gweld dau wyneb gwyn yn tueddu i ddweud wrthynt y byddai'r stori'n mynd allan i'r byd mawr y tu allan i Gashmir.

Cafodd y bachgen ddod yn ôl i'w gar beth bynnag, gan ddweud ei fod yn meddwl mai ein pechod efallai oedd inni fynd heibio lorri'r fyddin, oedd yn beth haerllug iawn i'w wneud! Camwedd yn sicr! Yr oedd hen lwmpyn hegar ar ei fraich ac yr oedd wedi dychryn gyda'r ysgytwad, ond dywedodd ar yr un gwynt eu bod fel pobl yn arfer â'r fath driniaeth, gan godi ei ysgwyddau fel pe'n ymostwng i'r drefn. Mae bod yn fachgen ifanc yn y wlad hon ynddi'i hun yn gamwedd, gan mai dyma'r oed pan dry bechgyn yn wrthryfelwyr wrth gwrs. Mae'r wlad yn llawn cylchoedd o wrthryfelwyr, yn y ddinas (a chofier bod Srinagar gyda tua'r un boblogaeth â Lerpwl) ac yn enwedig yn y wlad sy'n llawn mynyddoedd uchel, cuddfannau pell, ogofâu dinabman a mannau anhygyrch lle na throediodd dyn erioed, gyda milltiroedd o dir neb rhyngddynt a Phacistan a rhwng Ladakh a Tsieina. Gwlad digon anodd dod o hyd i neb ynddi ydyw, gyda'i dyffrynnoedd a'i hafonydd gwyllt, ei choedwigoedd trwchus a phoblogaeth yng nghefn gwlad sy'n dal i fod yn symudol-nomadaidd yn aml. Ceisiasom gan y bachgen droi'n ôl, ond ni wnâi – nid oedd am ymddangos yn llwfr efallai, ac mae'n bur debyg ei fod angen ein harian, felly yn ein blaenau yr aethom am ychydig. Toc, daethom at adfeilion hen deml, gan aros yno am ychydig. John a finnau'n meddwl y rhoddai hyn gyfle i'r gyrrwr ddod ato'i hun a chael ei wynt ato tra oeddem ninnau allan o'r car. Teml Hindŵaidd o'r wythfed ganrif oedd hon, gyda cherfiadau manwl ar ei cherrig. Roedd yno gerfluniau o'r gwahanol dduwiau a duwiesau Hindŵaidd – Vashti, Brahma ac yn y blaen. Mae ganddynt gymaint o dduwiau, er dim ond pedwar prif dduw, nes mwydro dyn. Braidd yn fain oedd hi ar geidwad hynafol y duwiau hyn gan nad oedd prin neb bellach yn mynd i weld yr hen deml, oherwydd y sefyllfa wleidyddol. Bu amser pan oedd nid yn unig ymwelwyr o Ewrop yn mynd yno, ond miloedd yn heidio o India i weld y templau. Deil rhai ymwelwyr o India i ddod, yn enwedig ar wyliau rhyw sant arbennig ac o leiaf gallant hwy deimlo'n bur saff. Y mae eu byddin fawr yma i'w hamddiffyn. Ymlaen â ni wedyn i Pahalgam.

Pentref go nobl yw Pahalgam yn nyffryn y Lidder ac ar lan

afon gyflym lle'r oedd degau o blant – hynny yw, hogiau yn unig (nid yw'r genethod mor lwcus rydd) – yn chwarae ac yn ymdrochi'n noethlymun groen yn yr afon wyllt. Mae'r wlad yma'n lanach a thaclusach gwlad nag India; y fan yma'n debycach i Nepal. Pobman yn wyrdd, wyrdd, gyda chopaon agosdwyllodrus y mynyddoedd yn glaerwyn yng ngwres y pnawn. Tyf reis ym mhobman yn y dyffryn gydag ambell i fferm merwydd i fwydo lindys er mwyn creu sidan. Rhwng dyffryn y Lidder a dyffryn y Sindh, tua mynyddoedd isaf yr Himalaya cyn mynd i dir y cewri, mae gwlad go wyllt. Gwag yw'r wlad hon am chwe mis bob blwyddyn, ond yn yr haf byr o fis Mehefin i ganol mis Medi mae'n wlad i fugeiliaid Kashmir a'u defaid, i'r Gujar a'u byfflo ac i fugeiliaid geifr – y Bakharfaliaid – wrth iddynt yrru eu hanifeiliaid i fyny dyffrynnoedd y Lidder a'r Sindh i'w porfeydd gwelltog. Dilynodd yr ymfudiad hwn a'r awch naturiol am borfa yr un patrwm ers canrifoedd. Ceidw'r bugail Kashmiraidd i'r llethrau isaf gan aros yn y porfeydd nid nepell o Pahalgam a Sonamarg (pentref arall yn yr un ardal) a gellir adnabod y bugail hwn wrth ei wisg, sef yr hugan wlân gynnes o'r enw *ferun*. Yn aml mae'n cario'i gegin fach gydag o, sef ei botyn clai – y *kangri*. Ceidw'r Gujar a'u byfflo i dir ychydig yn uwch, gan werthu llefrith byfflo yn y pentrefi. Che's i rioed lefrith byfflo, ac eto, wn i ddim beth yr ydw i'n ei gael yn aml, ond yr oedd y tôst efo'r menyn *yak* yn Nepal yn uffernol. Gwn dy fod ti a dy dad yn bur ffond o gaws *yak* ers talwm. Efallai fod unrhyw gaws yn dda ar ôl caws Comilla ym Mangladesh. O Gujarati y daw'r bobl hyn yn wreiddiol ac mae'n bolisi gan lywodraeth Kashmir i'w cael i setlo, a dônt i lawr i'r dyffrynnoedd yn y gaeaf. Gwisgant dyrban a phlanced liwgar. Ceidw'r Bakharfaliaid i'r ucheldir a chanddynt hwy mae'r ddawn fwyaf i wneud pres, gan mai o'u hanifeiliaid hwy y daw'r gwlân i wau y siolau Kashmir enwog. Mae eu prisiau y tu hwnt i mi mae gen i ofn. Mae'r Bakharfaliaid yn byw bywyd hanner-nomadaidd ac weithiau'n crwydro cyn belled â Ladakh. Ym mis Hydref daw eira cynta'r flwyddyn, ond yn awr, ym mis Awst a'i flodau gwylltion a'i niwloedd ysgafn, mae'n nefolaidd.

Gwerthir eirin cochion bychain ac afalau gwyrdd a choch a blas fala go iawn arnynt ar ochr y ffordd, a chymryd y rhain i ginio wnaethom yn hytrach na'r picnic hyll ddarparodd y pen-cogydd ar ein cyfer. Efallai buasai'r pentrulliad wedi gwneud un gwell. (Wnaiff hogyn di-gapel fel ti ddim deall hynna. Dos i ddarllen hanes Joseff yn y Beibl.) *'Is wonderful, very very nice picnic I am making for you,'* oedd yr addewid, ond roedd yn sobor sant. Sgleisen dew, dew o fara sych, heb fenyn, dim hyd yn oed arlliw o fenyn byfflo, a dau wy wedi eu berwi'n galed yn eu plisg. A dwy fisgeden ddrwg. Eirin ac afalau fu ein cinio. Mi wyddost nad yw hyn yn ddim o'i gymharu â rhai prydau cofiadwy o ddrwg a gafwyd ar hyd a lled y byd cyn heddiw! Cafodd John dreipan ofnadwy o ddrwg yng Nghenya rhyw dro, a chafodd bicnic yn Uganda o ddarn o gig byfflo fel rybar, bynsen gyraints felys a Choca-Cola cynnes. Credaf mai'r gwaethaf ge's i oedd y cawl fel dŵr môr gyda darnau annymunol o bysgod ac amryfal ymlusgiaid y môr yn hanner nofio ynddo a gawsom yn y pentref bach Moslemaidd hwnnw ar stilts yn y môr oddi ar arfordir gorllewin gwlad Thai. Cawl a wnaed yn uffern mewn nefoedd o le. Mae'n debyg ei fod yn waeth i ti os medri gofio, gan fod ffliw arnat ar y pryd os cofiaf innau'n iawn! Nid yw cyrri pennau pysgod tlodion truenus Bangladesh yn rhy flasus chwaith.

Wedi'r cinio, aeth yn amser dewis rhwng un ai cerdded i fyny'r llechweddau neu logi ceffyl i'n cario hyd y llethrau serth. Wel mi wyddost faint o dromblan yw dy fam, yn ddigon myglyd gan asma weithiau ar elltydd y byd, a chnapyn hegar ar wraidd bawd un droed, ac yn ddiog sobor hefyd. Ond wedyn, fûm i erioed ar gefn ceffyl chwaith; wn i ddim imi fod ar gyfyl ceffyl hyd yn oed, heblaw Corwen, caseg wedd Rolant Maesyneuadd ers talwm, tua deugain a mwy o flynyddoedd yn ôl pan oeddwn yn blentyn a Chorwen yn hen iawn, a fûm i erioed ar gefn honno. Bûm ar fulod bach glan môr yn y Rhyl, a dyna fy unig brofiad. Mae dy dad wedi marchogaeth dipyn bach mwy na hynny, a gwelwn ar unwaith ei fod ar dân eisiau cael mynd ar gefn ceffyl. Gwyddwn y buasai'n fy ngweld yn uffar o ddynas petawn i'n mentro, gan ei fod bob amser yn edliw imi fy niffyg menter a hyfdra a meddyliais na fuasai gennyf lawer o obaith cerdded i fyny'r gefnen oedd o'n blaenau – wel, ochr mynydd a dweud y cyfiawn wir! Ni allwn feddwl am ddilyn rhyw fymryn o lefnyn ffit o dywysydd ar lethrau isaf yr Himalaya heb fygu'n gorn, gyda John yn mynd fel gafr ar d'ranna', felly dywedais yn dawel, 'Ceffyl'.

Wel, doedd neb yno y buaswn yn eu gweld byth wedyn i chwerthin am fy mhen, heblaw John. Wn i ddim eto sut y cefais fy nghlun a fy hun ar gefn y ceffyl druan ond bu raid cael tri neu bedwar o lanciau i fy helpu, ac mae gennyf ryw frith gof i bobman fynd yn llwyd imi – o gywilydd – ar un adeg, a hanner y pentref wedi dod i'm gwylio! Diolcha nad oeddet yno i fod gywilydd o dy hen fam. Teimlwn yn dipyn o jarffas ar gefn fy ngheffyl, ac yn fy niniweidrwydd yn meddwl bod y gwaethaf drosodd. Erbyn rhyw linc-di-loncio i fyny'r allt allan o'r pentref ac o olwg y gynulleidfa sbeitlyd, gwelais, er mawr siom, mai gen i'r oedd y ceffyl mwyaf bywiog, ac ymhen pum munud arall roedd y cythraul wedi llithro mewn ffos wleb a minnau'n crogi gerfydd fy nhroed, fy nghorff yn llipa a'm pen yn y ffos yn rhywle. Cofiaf chdi a Loli'n marchogaeth ceffylau yn Darjeeling i lawr gelltydd serth i wersyll ffoaduriaid o Dibet, i brynu mat cegin, a cheffyl Loli druan yn marw oddi tani! Bron na ddymunwn innau'r un peth. Bu dy dad yn ddigon o ŵr bonheddig i ffeirio ceffyl efo mi a che's ail gynnig arni. Bu'n deirawr ddifyr iawn, ar wahân i rai munudau llyncu poeri mawr, mawr, pan oedd y galon yn dod i'r gwddf bob hyn a hyn. Absalomiodd dy dad ym mrigau isaf coeden unwaith. (Os nad wyt yn deall y ferf, dos rhagot i'r Hen Destament unwaith eto a chwilia am hanes y Dafydd y'th galwyd yn rhannol ar ei ôl, ynghyd â Dewi Sant, Dafydd ap Gwilym a Dafydd brawd Llywelyn ein Llyw Olaf). Wrth lwc, doedd gwallt dy dad ddim yn ddigon hir eleni iddo grogi wrth y pren. Llithrodd fy ngheffyl i lawer gwaith, a phrin drybeilig oedd fy rheolaeth arno er imi fy ffansïo fy hun fel Epona, a sylweddolais yn fuan mai'r unig ateb oedd gadael iddo wneud fel fyd a fynno. Buom mewn pentref bach cyntefig iawn, iawn – mwy cyntefig na dim a welsom yn yr Aifft dyweder, ond llai efallai na gwaethaf Uganda. Ac eto, doedd adeiladwaith y tai ond fel bythynnod unnos neu dai o'r Canol Oesoedd, gyda'u toeau gwellt a brigau. Pobman yn dlodaidd iawn ond twr o blant bach hapus a hoffus yn ein cyfarfod a'n cyfarch o bell, a sodro'u hunain wrth ein hochrau'n selog pan eisteddasom i edmygu'r golygfeydd rhyfeddol i lawr y dyffryn. Ond 'ddaeth neb hŷn na deuddeg oed allan; efallai eu bod oll gyda'u defaid yn rhywle. Nid oedd golwg fel dinas barhaus ar y pentref ac efallai mai hafod yn unig oedd; anodd credu y gallasai ddal eira ac ystormydd y gaeaf. Credaf mai Kashmir yw'r wlad dlysaf imi fod ynddi erioed.

Bu'n rhaid inni gerdded am ychydig wedyn gan fod y llethrau'n rhy serth i'r ceffylau, ac yr oedd yn bnawn eithriadol o braf, gwyrdd a blodeuog, a'r afon yn chwyrnellu ei llif uchel yn y dyffryn islaw. I'r cyfrwy wedyn, yn haws y tro hwn, ac fel Ron a Nancy Reagan yn mynd yn fwy hyderus o hyd. John yn bendant yn chwarae cowbois yn ei ben yn rhywle – rydw i'n gwybod yn iawn – a dywedodd wedyn ei fod yn ceisio cadw mewn cof pa symudiadau corfforol fyddai'r Cisco Kid a'i debyg yn eu gwneud i ddweud wrth y ceffyl beth i'w wneud nesaf. Gwibiai chwaraeon plentyndod drwy ei feddwl hefyd, fel chwarae Owain Glyndŵr, a'r carlamu ar geffyl anweledig a'r floedd roddai ef, 'Ymlaen i Grasmwnt, ddynion!' Collasom ein tywysydd lawer gwaith gan ei fod ef a'i geffyl yn chwipio mynd o'n blaenau. Ninnau'n stopio i 'siarad' â rhywun weithiau. Gwelsom bâr ifanc a'u plentyn bach ac aros yn eu cwmni am ychydig i dynnu eu llun. Edrychent yn union i mi fel yr wyf wedi dychmygu Mair a Joseff a'u mab. Roeddent yn ddigon tlodaidd yr olwg yn ôl ein safonau ni. Yr oedd y fam yn dlws a'i gwên yn llydan a gwyn, a'i gwisg laes yn biwsgoch a thawel, tra gwisgai drosti siôl lachar, fflamgoch â mymryn o frodwaith o gwmpas ei godrau. Yn hon y swatiai ei phlentyn. Roedd gwallt y fam yn blethi mân, mân, hirion du, a chap bach coch yn gocyn pert ar ei chorun. Yntau ei gŵr yn fain a thywyll mewn clogyn hir, llwyd o wlân, a'i bwys ar ei ffon hir. Yn nechrau'r ganrif ddiwethaf yr oedd gennyt ti hen, hen, hen nain a thaid o'r enw Mari a Joseff yn byw'n fain i ryfeddu yn elusendai Llangybi yn Eifionydd, ac anodd yw peidio dod â hwythau i mewn i'm cymhariaeth.

Cawsom siwrnai dipyn llai anturus yn ôl i Srinagar y noson honno, ar wahân i orfod aros ar ochr y ffordd unwaith neu ddwy i aros i injan y car oeri, a meddwl beth wnaem petai'n dal i fod yn ceisio oeri ar ryw ochr lôn yn rhywle ac amser cyrffyw'n nesáu. Braidd yn ofnus wrth feddwl am drip arall, ond mae'n debyg y byddaf wedi anghofio heddiw erbyn dydd Iau, pan awn nesaf, os caf grwydro dipyn yn nes i dref yfory.

Cariad mawr, mawr,
Mami.

Srinagar.
7fed o Awst, 1993.

Annwyl Mam,

Cael cysgu'n hwyr! Brecwast tua naw ac mae'r cogydd wedi deall erbyn heddiw beth yw wy tri munud. Mi wn mai peth bach iawn yw hyn i gwyno yn ei gylch go iawn, ynghanol yr holl heldrin, ac mae'n gywilydd arna' i efallai. Ond diawl, os ydw i'n talu am wy, cystal imi gael ei fwyta, yntydi? Anodd yw bwyta slafan amrwd mewn plisgyn yn y bore. Buom mewn lle gwerthu carpedi y bore yma – un arall o'r teulu estynedig/maffia sydd yn ymestyn o'r swyddfa deithio yn Delhi, drwy ddyn y ticedi awyren, perchennog y cwch, dyn y tacsi, dyn y tripiau a dyn y carpedi a dyn arall neu ddau erbyn yfory mae'n siŵr. Carpedi fel o balas, rhai sidan ar gotwm a rhai sidan ar sidan am ddwy fil o ddoleri a mwy. Gallaf weld rhai ohonynt dan draed merched yn y *Senana* a than bengliniau'r gweddiwyr. Cawsom eglurhad difyr ar y gwahanol batrymau Persiaidd a lleol, ynghyd â'u henwau. Picio o gwmpas siopau wedyn – fawr ddim syfrdanol, ond prynu ambell i flwch *papier-mâché* gan mai dyma wir gartref y grefft. Gwn, pan ddof adref, y bydd yn edifar gennyf na fyddwn wedi ceisio mwy. Ugain mlynedd ar ôl byw yng Nghuwait, gallaf gau fy llygaid a dal i weld y wisg Balesteinaidd hen, ddrud, goch a du, yn llawn brodwaith yn ffrwydro drosti, na phrynais oherwydd meddwl ei bod yn rhy ddrud, a difaru byth.

Ar ôl cinio o reis a *dhal* dyfrllyd unwaith eto, cymerasom gwch i lawr y llyn i weld gerddi Moghul hen a ffurfiol. Mae'r cychod bach gondolaidd hyn yn eu hysbysebu eu hunain ar fetel ar do'r cwch fel petaent yn westai, pob un ohonynt. Ceir digon o ddewis: y *Royal House – D.N. No. 1* sy'n golygu dim i mi, neu yr *Akber de luxe – full spring seals*, neu hyd yn oed y *Sun Shine – Pull. Spring Seats Special Taxi*. Mae glanfa'r shikariaid (y cychod bach hyn) wrth y gerddi wedi gweld dyddiau llawer mwy llewyrchus wrth gwrs – doedd neb ond y ni yno heddiw – gyda thoreth o siopau bychain a phob un wedi cau, heblaw un lle gwerthid diod a'r creadur siopwr heb drydan na rhew, ond pan fo dyn yn chwysu fel ag yr oeddem ni, mae lemonêd claear yn well na dim. Yr oedd yno aml i siop ffwr a phob un wedi cau, a da hynny, er na wn pa flewiach maent yn ei werthu pan fyddant yn agored, ond os oes a wnelo'r lluniau'r tu allan i'r siop â'r hyn a werthir yno, dyn a'n helpo! Llun mawr o ben teigr ar un a'r geiriau'n dod allan o'i geg mewn swigan fel mewn comic: *Shah Fur Store – Government Registered* ac mae'r *De Luxe Fur Store* yma wrth gwrs y drws nesaf, ac amryw siopau dillad a grwjis eraill (*Tourist taka-taka* fel yr arferai'r Doctor, a oedd yn dywysog yn Uganda, ddweud am y fath geriach). Yr oedd y gerddi'n braf, yn gysgodol ac yn dawel, a neb ond ni'n dau yno'n ymlwybro fel Shah Jehan a'i wraig, nes inni sylweddoli bod y fyddin yn y fan yma hyd yn oed. Anodd deall pa angen sydd amdanynt mewn congl dawel fel hon, ond yno'r oeddent a golwg beryg ar y cythraul arnynt a'u gynnau'n barod drwy'r adeg. Roedd ganddynt eu radio a'u setiau symud a siarad hefyd. Yr oedd y rhain yn dipyn bach cleniach na'r mwyafrif yn y dref ac ar y ffordd, ac yn barod i wenu a dweud 'helo' gan nad oedd fawr neb yma i'w gwylio rhag anfadwaith yn erbyn y wladwriaeth!

Un diwrnod yn Uganda pan oedd Dafydd tua chwe mis oed, aeth si o gwmpas Kampala fod rhai o gyn-weinidogion llywodraeth y cyn-arlywydd Milton Obote yn llochesu'n slei yn y gwesty mawr lle'r oeddem ni'n byw yr adeg honno, a daeth rhai degau o filwyr Amin yno gan amgylchynu'r gwesty tra chwiliai eraill ohonynt ystafelloedd y lle. Anghofia' i byth y diwrnod hwnnw a'r milwyr oedd wedi bod yn rhyfela am ddyddiau yn pwyntio eu gynnau atom am oriau. Ar falconi y tu allan i'r gwesty yr oeddem ni'n digwydd bod, yn cael rhyw lun o de bach ynghanol y gachfa, a'r rhan fwyaf o weithwyr y gwesty wedi dianc ar frys oherwydd eu bod yn hanu o'r llwyth 'anghywir'. Efo pâr o dde Cymru yr oeddem ni'n cael te – cofiaf mai Glyndŵr oedd ei enw ef ac yr oedd yno i gynorthwyo bysiau'r wlad gael ar eu holwynion ac i ddysgu staff Ugandan sut i'w trin. (Os oedd y rhai a ddysgodd o'r llwyth 'anghywir', byddent hwythau wedi diflannu i'r goedwig a'r mynyddoedd gan ofn erbyn hyn, a dyna flwyddyn neu fwy o'u dysgu'n ofer, a byddai'n rhaid ailddechrau eto.) Anodd oedd cysuro fy hun y byddem ein tri'n iawn, ac na ddeuai niwed i Dafydd na John, a chofiaf yn iawn fy mod yn ceisio ymresymu â fi fy hun mai hogiau bach ifanc oedd y milwyr, ac na wnaent niwed i neb! Roeddwn yn gythreulig o ddiniwed ym mhethau'r byd o feddwl am yr holl dreisio a lladd creulon a wnaeth y fyddin hon wedyn.

Wel, i mi gael poeni am bethau nad ydynt yn cyfri go iawn – mae fy nau ddolur annwyd wedi epilio fel dwy lygoden yn haul Kashmir ac mae saith pen iddynt yn awr; maent fel petai'r Eifl wedi troi'n Himalaya dros nos. Maent yn hyll, hyll iawn, ac yn ddigon mynafus wrth imi wenu. Da o beth nad wyf yn un sy'n gwneud gormod o hynny. Ac mae'r starn helaeth yn brifo ar ôl y ceffyl a'm coesau'n gwegian wrth ddringo o'r *shikara* i'r lan, ac o'r lan i'r *shikara*.

Ar wahân i'r milwyr, tawel a balmaidd oedd gerddi Shalimar a'r gwyrddni'n esmwyth ar y llygad. Mae gweld dŵr yn llifo yn oeri rhywfaint ar ddyn ac yr oedd digon ohono'n y gerddi. Does ryfedd yn y byd mai gardd yw'r nefoedd yn ôl y Moslemiaid; i bobl yr anialwch fel hwy, gardd oedd perffeithrwydd a heddwch i'r enaid a'r dŵr yn rhan hollbwysig ohoni. Dyna sydd wrth wraidd stori Gardd Eden mae'n siŵr. Ond mae rhyw dro clyfar yn syniad y Moslem o nefoedd – credant fod angen un pry bach yn y nefoedd hon i aflonyddu ar heddwch dyn a'i atgoffa sut le yw uffern, lle trig ein duw cylion ninnau mae'n debyg.

Cododd yn wynt pan oeddem ar ein ffordd yn ôl i'r bad-dŷ a daeth yn stormus yn sydyn. Erbyn inni gyrraedd ein lloches fe ddaeth y glaw taranau. Yr oedd fel o grwc a dim lle i gael gwynt rhwng taranau. Dreigio y bu hi am bwl, nes i'r mellt ymuno â'r taranau yn yr hwyl ac aeth yn un rhowliad mawr taranllyd, a'r goleuni'n well nag unrhyw fwlb trydan gaech chi. Yn sicr, yn well na'r rhai sydd ar fwrdd y llong hon hyd yn oed pan fo trydan ar gael.

Eistedd ar fwrdd y llong yn gwylio'r mellt y buom wedyn, a meddwl mor rhyfeddol o braf yw bod yn oer, a chymaint gwyrth yw glaw. Er, pan fyddaf yng Nghymru ni allaf ddeall paham yr arhosodd y dyn cynnar mewn gwlad mor annymunol o wlyb. Gadael Ffrainc i ddod i le lle'r oedd dŵr yn disgyn o'r awyr am eu pennau bob dydd, a hwnnw'n ddŵr oer yn dod o awyr lwyd am ddyddiau bwygilydd. Yn sicr, yr oedd y tywydd yn wahanol yr adeg honno, ac nid o ddewis y'n gwthiwyd ninnau fel hil i wlypter ac oerni Eryri. Ond waeth lle y byddaf i, bydd arnaf hiraeth am awyr lwyd, gwynt a glaw.

Wn i ddim wna' i brynu ffrog yma ai peidio; mae'r brodwaith

wrth fy modd, fel pob brodwaith, ac yn tynnu dŵr o 'nannedd fel bwyd da. Ond mae'r tŷ acw'n llawn ffrogiau o bob math – na fyddaf yn eu gwisgo – wedi eu prynu am eu brodwaith gan anghofio bod yna'r fath beth â steil a maint hefyd. Wrth gwrs, siôl ddylwn ei chael gan mai dyna waith llaw traddodiadol y wlad. Gwyn oedd lliw y siôl Gashmiri wreiddiol, gyda'r triming wedi ei weu i mewn iddi, nes i ŵr o'r enw Khwaja Yusuf o Armenia roddi brodwaith ar y godrau yn 1803. Gwëir yr *amli* (siôl) o edafedd main lleol, neu'r edafedd meddal o gonglau cynhesaf cnu yr afr Himalayaidd. Dyn yw'r gwehydd a'r brodweithiwr, ond telir mwy i'r brodweithiwr nag i'r gwehydd gan mai hon yw'r grefft bwysicaf ganddynt. Gweithia'r rhain yn gyflym fel y gwynt a phenderfynir pris y siôl yn ôl mesur y brodwaith sydd arni. Defnyddir lliw tywyll ar linell allanol patrwm y border, yna llenwir y llun â lliwiau mwy llachar gyda phwythau cretan, pwythau llenwi a phwythau sidan gan mwyaf. Gellir cael siolau sgwâr neu betryal. Yn aml gwëir pâr o siolau *doshalla* er mwyn i'r prynwr, os myn, allu gwnïo'r ddwy wrth ei gilydd, gefn wrth gefn, i greu un siôl drwchus a chynnes. Dywedir mai'r Ymerawdwr Akbar greodd y ffasiwn hon. Gwaith creadigol arall yma yw matiau *Numdah* a defnyddir y brodwaith hwn ar ddeunydd llenni a chlustogau. Arferent weithio'r rhain ar frethyn llawban trwchus ac mae enghreifftiau ohonynt gartre yn ein tŷ ni, o Irac – gwaith Arabiaid y Corsydd yno, ac o Gatar. Erbyn hyn mae'r Kashmiriaid yn gwnïo'r pwythau cadwyn hyn ar jiwt o Fangladesh. Cotwm neu wlân ysgafn yw'r brodwaith ond fe'i gwniir â bachyn yn hytrach na nodwydd ddur, ac mewn lliwiau tawel, golau, traddodiadol. Mae gennym fat *Numdah*, Kashmiri a brynasom yn Narjeeling yn crogi uwchben y gwely yn llofft gefn ein tŷ ni a darlun o uchelwr Moghulaidd yn hela'r carw arno. Dweud stori a wna'r *Numdah* a cheir llawer ohonynt yn darlunio priodasau.

Gyda nodwydd y crëwyd yr enghraifft enwocaf o wnïo Kashmir, sef Map Srinagar o ganol y bedwaredd ganrif ar bymtheg. Ni chaf weld hwn mae gen i ofn gan ei bod yn amhosibl cael gwybod lle y mae, ac os, yn wir, y caiff ei arddangos o gwbl yn y dyddiau cythryblus hyn. Yr wyf wedi gweld lluniau ohono a dengys yr afon Jhelum a'i naw pont bren, yr holl fadau a shikarau'n nofio arni a'r holl gamlesi a lifa ohoni. Mae gerddi Shalamar arno hefyd, yn wyrdd a deiliog, a gellir gweld dynion yn pysgota, canu'r sitâr a rhwyfo, ac adar, blodau a choedwigoedd lawer. Nid oes olwg o ynnau'r India o gwbl.

Daeth y ceisni dyn ticedi annifyr drwy'r storm. Holi fy hun wrth ei weld yn dod, pa stori drist fydd hi heno, tybed? Mae dwy ffleit yn hedfan o Srinagar i Ddelhi ddydd Gwener medda fo, a dim gobaith cael ar yr un o'r ddwy. Rhaid cofio mai hira'n y byd y gallant ein cadw ni yma, mwyaf yn y byd o arian o wnânt ohonom. Mae hyn yn joli iawn o gofio ein bod wedi bwcio ar *Air Uzbekistan* i Lundain ddydd Sul; heblaw am hynny fuasai waeth gen i aros yn y fan yma am wythnos arall ddim, ond bod yr arian yn prinhau wrth gwrs, ac ni ddaw tâl mawr Dowlais o unman am dipyn. Dim gobaith am ffleit ddydd Sadwrn chwaith medda fo. 'Medda fo' ydi hi efo llawer o'r pethau teithio yma yn y Trydydd Byd; does wybod yn y byd faint o bobl ar hyd y gadwyn hir sy'n disgwyl am fycshîs gennym cyn y dywedir wrthym bod lle inni roi'n tinau i lawr ar awyren am Ddelhi. Fe gollwn lot o arian os collwn y ffleit i Lundain, ac o ble y daw mwy o arian am un arall yn ei lle? Talu bycshîs heffti yw'r gorau!

Mae rhywun yn dod i arfer efo'r ansicrwydd yma ynglŷn â phob symudiad. Mae'n hollol groes i'r gwyliau pecyn seithnos saff a gwyddem cyn cychwyn mai fel hyn y buasai pethau. A dyma ni adra wedyn, pan ddywedodd y dyn ar yr un gwynt â dweud nad oedd gobaith am sêt ei bod hi'n bosibl, os hyn ac os llall . . . Os ffonith o Ddelhi, a chymryd y caiff drwodd mewn diwrnod, ac os talith o fycshîs o tua dau neu dri chan rwpi i'r dyn sy'n bwcio'r ticedi. Nid oes modd gwybod y gwir; efallai fod ein seti'n berffaith saff ond bod hwn yn palu celwyddau er mwyn gwneud ceiniog neu ddwy. Lleiaf yn y byd o ymwelwyr ddaw yma (dau! – mae'r ddau arall wedi ei miglo hi ers dyddiau), mwyaf yn y byd yw'r angen am eu gwasgu o bob ceiniog – mae hyn yn gwneud sens. Talwyd y bycshîs heb sicrwydd i bwy y mae'n mynd na sicrwydd y bydd seddau ar ein cyfer. Telir ef rhyw fymryn fan yma a mymryn fan draw mae'n debyg. Os na chawn ar yr awyren rhaid cael cynllun wrth gefn. Efallai y medrwn gael bws i Jammu – buasai hynny'n golygu bod ar y bws drwy'r dydd, gan obeithio nad bws fideo na bws pops mohono – ac wedyn trên drwy'r nos yn syth o Jammu i Ddelhi, a chymryd y buasai un yn ddigon buan, neu'r llall yn ddigon hwyr i ddal ei gilydd. Wel, os bydd raid, mi fydd raid. Dylwn fod wedi arfer â'r Trydydd Byd bellach.

Bwciodd John le inni'n pedwar mewn gwesty pur grand yn Pokhara yn Nepal unwaith, *via'*r post annibynadwy o Fangladesh. Wrth gwrs, erbyn inni gyrraedd yno doedd neb wedi clywed sôn amdanom ac roeddwn i'n damio a phwdu a gweld bai ar John druan. Wn i ddim ddaru o faddau imi eto – roeddwn i'n gas iawn. Ond cawsom westy arall heb broblem a heb grandrwydd, ac felly'n fwy diddorol, ond inni beidio edrych ar fudreddi waliau'r gegin o'r ystafell fwyta wrth i'r drysau *swing* aros yn agored am dair eiliad yn rhy hir bob tro, a pheidio â phoeni fod yn well gan Loli'n wyth oed lusgo y tu ôl i weithwyr y gwesty na bod efo ni'n aml. Dim ond wedyn y dywedodd hi fod oglau neis iawn ar eu sigarennau, a ninnau'n sylweddoli eu bod nhw, fel llawer o bobl glên Nepal, yn ysmygu mariwana fel bydd pobl Cymru'n yfed te.

Mae hi'n wyth o'r gloch yn y mellt a waeth noswylio ddim gan mai digon o waith y daw'r trydan yn ôl heno. Lleinw'r mellt yr awyr gan gychwyn o un ochr a mynd reit drosodd i'r ochr arall gyda thro'r ffurfafen, a gallaf ysgrifennu'n iawn yn eu goleuni. Mae genethod bach yn chwarae rhywbeth tebyg i ring-a-ring a rosus ar bwt o wellt glas wrth ein mwrings, tra awn ninnau i'n ciando caled.

Nos dawch,
Gwenllian.

8fed o Awst, 1993.

Annwyl Loli,

Wedi bwrw drwy'r nos yma neithiwr. Mynd i gysgu i sŵn dylifo trwm ar do'r cwch. Cael wyau caled i frecwast heddiw – hwrê! Bwyd go sobor sydd i'w gael ar y cwch, a finnau wedi meddwl am bob math ar flasusfwyd cyn dod yma. Darllenais yn India am *aab ghost*, sef cig oen wedi ei goginio mewn llefrith; *jushtaba*, sef twmplan cig mân gyda chyrri a mintys, ac roedd gen i wir flys am y *tabak maz*, sef asennau oen heb yr asgwrn wedi eu mwydo a'u rhostio. Mae yma hefyd ffidan go iawn o'r enw *Wazwan* sydd i'w chael ar achlysuron arbennig fel priodas. Mae hwn yn bryd o ddegau o wahanol gyrsiau – fel arfer rhwng dau ar bymtheg a saith ar hugain plataid!

I'r tacsi â ni ben bore, gyda dyn gwahanol heddiw, a chychwyn am le o'r enw Gulmarg. Mae Gulmarg i'r gorllewin o Srinagar, yn nyffryn Kashmir ac i gyfeiriad Pakistan ond, wrth gwrs, mae'r ffyrdd wedi hen gau erbyn cyrraedd y rhan honno o'r wlad a mynyddoedd y Pir Panjal. Diwrnod digon dwl a di-haul fu hi, ond siwrnai fyrrach nag echdoe a'r eira'n wyn ar gopaon y mynyddoedd, a golygfeydd syfrdanol bob tro y cliriai'r niwl. Gallasom edrych draw at y rhan o'r Gashmir wreiddiol sy'n awr yn perthyn i Bacistan, y rhan a elwir yn Azad Kashmir.

Naw mil o droedfeddi yw uchder Gulmarg a'r aer yn fain a minnau'n fyglyd wrth gerdded yno. Roeddwn yn iawn ar y gwastad a'r goriwaered ond yn dipyn o hen fegin wrth ddringo. Lle trist iawn ar un wedd yw Gulmarg; lle wedi marw fel y Nant Gwrtheyrn a gofiaf i yn ferch ifanc. Y mae'n lle a fu unwaith yn boblogaidd iawn ei lethrau ond oherwydd y rhyfel rhwng India a Phacistan, wedi ei adael i adfeilio ac ni chymer hynny lawer o amser yn yr elfennau yma. Pwy ddaw yma i aros ac i sgio mewn difri, mor agos i'r llinell sydd rhwng y ddwy wlad? Yn wreiddiol, hafan oedd, a lloches o haf chwilboeth Srinagar i'r Preswylydd Prydeinig Pwysig a'r holl ddilynwyr eraill a gynffonnai o'i ôl ddyddiau a fu. Hafotai o goed oedd yno, ac eglwys Anglicanaidd a dau neu dri gwesty, a'r oll yn llanast o adfeilion erbyn hyn. Yr oedd hyd yn oed hen geir cebl yno ac ambell un newydd nad oedd wedi dod allan o'i bolithin, fel petaent newydd dderbyn ordor o geir y dydd y dechreuwyd rhyfela. Gwelais hyn mewn *National Geographic* (1989) am Gulmarg, ar ôl sôn am y blodau a ballu:

Other summer activities are tennis, golf (18 holes), and, of course, walking. A whole range of hotels is spread across the pastures of Guolmarg. The best (with hot running water and W.C.'s), is the Highlands Park hotel. Put your tie on before going down to the bar – it has the atmosphere of a London Club! Recommended also are the Tourist Hotel and the Golf View Hotel. Accommodation in one of the 14 insulated huts is provided through the Department of Tourism in Gulmarg. When it comes to eating you can take pot luck in the hotel restaurants. Moreover there is no prohibition and at a shop near the bus stop you can get whisky, rum, gin and beer – made in India. Gulmarg is India's main winter sports resort. For fifteen rupees an hour you can take a togobban ride. A chair lift takes you up to a 900m run and a drag lift pulls beginners up. Equipment – from skis to goggles – can be hired, and also bobsleds and toboggans.

I ble'r aeth hyn oll rhwng 1989 a heddiw?

Yr un oedd hanes yr un neu ddwy siop grefftau – wedi darfod â bod. Wedi i'r Prydeinwyr adael India, gallodd Gulmarg ddal i ffynnu drwy ddenu ymwelwyr nid yn unig o India ond o leoedd fel Awstralia a llawer o wledydd eraill, nes daeth y rhyfel. Wrth gwrs, mae pobl Kashmir eisiau eu rheoli eu hunain ac nid ydynt yn hoff o gael byddin India yn eu llethu. Mae'n bur debyg fod cwffio a rhyfela yn ymddangos fel yr unig ateb i'r broblem, ond, mam bach, pan welir difetha bywyd teuluoedd oherwydd hyn, yna mae'n anodd peidio gofyn a yw unrhyw achos yn werth difetha bywydau pobl er ei fwyn, heb sôn am y lladd a'r dioddefaint.

Yn un o'r pentrefi bychain ar y ffordd i Gulmarg, arafodd y car am eiliad a neidiodd gŵr hirwallt, barfog yn ei wisg draddodiadol i mewn atom. Yr oedd yn amlwg ddigon ei fod ef a dyn y tacsi'n deall ei gilydd a'i fod yntau'n un o'r gadwyn hir o'r gŵr yn Nelhi a'n hanfonodd yma. Di-sbring iawn oedd car heddiw – un o'r ceir tew yna sy'n gyrru'n herciog ar draws India a digon gwantan oedd fy ffydd yn ei frêcs. Ofnwn wrth ddringo camffordd ar ôl camffordd sut y byddai pethau ar y ffordd i lawr. Wedi cyrraedd ryw lun ar sgwâr bach ynghanol y pentref gwasgarog, neidiodd ein ffrind newydd allan o'r car a'n rhoi yn nwylo tywysydd arall. Yr hogia a'r dynion yn y pentref yn llyffanta a sefyllian, chwarae cardiau a hel straeon, rhai a'u ceffylau'n pori wrth eu hochr a dim i'w wneud a dim gobaith am ddim chwaith. Dim ond aros rhag ofn i ymwelydd ddod o rywle. Ddaeth neb ond John a minnau'r diwrnod hwnnw. Ddaw neb chwaith. Mae digon o leoedd tlws yn y byd gyda mynyddoedd urddasol a phobl annwyl, petai dim ond Nepal, felly pam daw neb i wlad mor greulon â hon i edrych i lawr barilau gynnau sy'n pwyntio atynt ym mhob man? A does dim yng Ngulmarg ond mynyddoedd, gwyrddni, blodau, coed ac afon. A'r bobl wrth gwrs, ond rhyfygus yw meddwl y gellir adnabod unrhyw bobl ar ôl treulio gwyliau yn eu gwlad. Nid yw'n bosibl adnabod unrhyw bobl mewn amser mor fyr ac wedi byw blynyddoedd hyd yn oed mewn un wlad, ni theimlais imi erioed ddeall pobl unrhyw le yn iawn, ond fy ngwlad fy hun. Anodd a phowld ofnadwy fuasai imi geisio deall sut y teimla'r bobl hyn, er inni dreulio pnawn cyfan gyda theulu heddiw, a dod i ddeall eu problemau fymryn yn well. Ond mi wn i un peth – doedd y felin ddim yn malu yno bellach.

Aethom i gerdded ychydig, drwy goed pinwydd uchel a syth, ar hyd llwybrau ceimion, troellog, a thrwy doreth o flodau gwylltion. Rwy'n siŵr mai fel hyn yr oedd Cymru ers talwm, yn flodau a choedwigoedd i gyd. Doedd ryfedd yn y byd fod Dafydd ap Gwilym mor ffond o hanner byw yn y goedwig. Yr oedd yma glystyrau ar glystyrau o fysedd cŵn – rhai cochion, rhai gwynion a rhai melynion. Gwelsom filoedd o flodau'r gwynt, anemoni ffynnon y coed, pentyrrau o flodau pi-pi'n gwely a blodau llygaid llo mawr. Roedd aceri o glychau bach gleision del, ond nid ein bwtsias y gog ni mohonynt. Tyfai miloedd ar filoedd o blanhigion mefus gwylltion dan y coed, ac ambell i fefusen yn barod i'w bwyta a blas ers talwm arni; blas hiraeth am afalau surion, cnau daear ac eirin tagu. Lliwiwyd y gweirgloddiau ac ochrau'r llwybrau â blodau eraill dieithr iawn i mi. Welais i erioed gymaint o wahanol gawsiau llyffant a myshrwms yn yr un lle – dim hyd yn oed ar helfa ffwng Cymdeithas Edward Lhuyd. Pur afiach oedd golwg y rhan fwyaf ohonynt – rhai'n goch fel gwaed, rhai'n felyn cryf, a rhai fel cwrel neu sbwng oren, a'r rheiny'n fwytadwy meddai ein tywysydd ifanc. Cerddasom am ddwyawr neu fwy gan edrych i lawr drwy'r coed ar yr afon yn taranu'n y dyffryn. Chwaraeai cannoedd o loÿnnod byw o bob llun a lliw o'n cwmpas. Dangoswyd inni y *siki* lifft, sef y lifft sgio. (Ceir yr un fratiaith Indo-Saesneg annwyl rywsut gan werthwyr sigarennau Srinagar, wrth hwrjio eu sigarennau inni – 'American sigri, American sigri'.)

Roeddwn yn falch o gael rhoi'r gorau i gerdded gan fod prinder ocsigen yn yr aer yn hegar, ond o leiaf rhoddais gynnig arni. Gweirglodd flodau yw'r cyfieithiad Cymraeg o Gulmarg ac mae'r enw'n gweddu i'r dim. Gallem weld mynyddoedd Nanga Parbat i'r gogledd, a Haramukh a Phegwn y Machlud i'r deddwyrain. Y Karakorams yn y cefndir i'r gogledd a'r rhain oll yn rhan o gadwyn anhygoel yr Himalaya.

Pan oeddem ni'n gadael Gulmarg, yn wyrthiol iawn, daeth llond bws o ymwelwyr Kashmiraidd yno i addoli. Ceir cofeb i sant Moslemaidd o'r enw Ziarat Baba Reshi yno, a fu farw yn 1480 tua'r un adeg â phan oedd Harri Tudur yn casglu byddin i ennill coron Lloegr. Yr oedd Baba Reshi yn bwysigyn yn llys Zain-ul-Abidin, brenin Kashmir, cyn iddo roi'r gorau i'r byd a'i bethau a mynd yn sant.

Daeth dyn y ticedi a'i straeon a'i striwiau heno i 'drefnu' fory i ni. Mae'n mynd i fod yn ddiwrnod difyr yn ôl bob golwg! Rhaid cychwyn oddi yma am chwarter i wyth i geisio ymgreinio ac erfyn a thalu bycshîs er mwyn cael yr awyren naw neu'r un arall sydd i fod i ddod rhyw dro tua deg, efallai, meddai'r dyn. Neb yn rhyw sicr o bethau diflas fel hyn yma. *Waitlisted* ydym ar y funud meddai'r dyn, ac yn o isel ar y rhestr bid siŵr. Ymhen ychydig cawsom ar ddeall fod awyren arall erbyn hyn yn mynd rhyw dro yn y pnawn, a'n bod ni'n bendant ar honno. Mae'r arian wedi mynd o law i law, ond dydw i'n rhoi dim mymryn o goel ar ei straeon o. Os a phan ddown ni oddi yma, reit siŵr i chi mai ar ein liwt ein hunain y down yn y diwedd, ond bydd pawb yn reit hapus a bodlon gan ein bod wedi rhannu dipyn o'n rwpîs o gwmpas. Mi stwffiwn ar ryw awyren reit siŵr. Amser a ddengys.

Gwell tewi rŵan gan fy mod eisiau ysgrifennu i Dafydd cyn mynd i glwydo.

Cariad mawr,
Mami.

Noson olaf ar y cwch,
Llyn Dal.

8fed o Awst, 1993.

Annwyl Dafydd,

Byddwn ar ein ffordd adref fory, ella. Cawsom ddiwrnod da
heddiw yn cerdded mewn lle o'r enw Gulmarg yn y
mynyddoedd. Arferai Gulmarg fod yn ganolfan sgio i ymwelwyr
cyn y rhyfel, ac erbyn hyn mae'r holl bentref yn adfeilion. Lle
digon trist ydi o. Wrth inni fynd yno yn ein tacsi tew, arafodd y
car a neidiodd dyn i mewn atom a mynd efo ni gyn belled â
Gulmarg. Yr oedd yn gloff, a rhoddodd ni yng ngofal tywysydd
arall ar ôl cyrraedd! Doeddem ni ddim tamaid o angen tywysydd
go iawn, ond nid oedd golwg y caent waith o unman arall y
diwrnod hwnnw. Gulam oedd enw'r gŵr cloff a bu'n rhaid inni
addo mynd i'w gartref i gael te ar ein ffordd adref.

Yr oedd ganddo dŷ mawr – tŷ mwyaf y pentref o bell ffordd –
wedi ei adeiladu yn y dyddiau gwell gynt, pan oedd mynd ar
Gulmarg ac arian yn llifo i mewn i goffrau tywysyddion da. Yr
oedd Saesneg da gan Gulam o'r herwydd, wedi dysgu oddi wrth
ymwelwyr o rannau Seisnig y byd. Tawel, fel pob gwraig
Foslemaidd o'r iawn ryw oedd ei wraig ac yr oedd iddynt bum
geneth – y rhai hynaf yn swil fel eu mam, a'r rhai ieuengaf yn
fywiog a hoffus.

Oer a thywyll oedd y tŷ, fel hen ffermdy Cymreig, gydag un
ystafell fawr i lawr y grisiau ar wahân i'r gegin bach i wneud y
bwyd. Roeddynt yn byw a chysgu'n yr un ystafell honno. Wn i
ddim i beth yr oedd y llofftydd yn dda. Efallai i'r arian ddarfod cyn
gorffen plastro a phaentio'r llofftydd, neu efallai, am ei bod yn
aeaf arnynt hwy, eu bod yn swatio i un gongl ac yna'n gwasgaru
hyd y tŷ yn yr haf. Byddaf yn teimlo felly fy hun weithiau wrth
ein gweld yn difa trydan drwy'r tŷ i gyd yn lle cysgu fel
pathewod ar soffâu a llawr y gegin o flaen y tân. Hyn yn gwneud
synnwyr ecolegol yn buasai? Ar y muriau yr oedd lluniau o lawer
o'r bobl yr oedd Gulam wedi eu tywys ar hyd y blynyddoedd
llewyrchus. Yr oedd matiau hyd y llawr i gyd a'r matresi a'r dillad
gwlâu yn fwndeli taclus ger mur pellaf y gegin. Yr unig
ddodrefnyn oedd bwrdd bychan oedd yn ddigon i gael paned

arno, ac wyth clustog fawr fel mewn *Majlis* Arabaidd, i eistedd arnynt. Roedd y muriau'n drwchus, felly gellid eistedd ar y silff ffenest hefyd. Teimlwn rywsut fod y teulu yma wedi derbyn y drefn fel ag yr oedd ac yn ddewr iawn yn gwybod nad oedd pethau'r byd hwn iddynt. Wn i ddim o ble y deuai eu prydau bwyd, er mae'n debyg fod yno ardd yn cael ei thrin yn ddeheuig yn y cefn. Ond y plygu i'r drefn gan wenu welwn i'n drist, a honno'n drefn nad oedd a wnelont ddim oll â hi. Dyna'r drefn Foslemaidd – dyna rydd Allah i ni a rhaid ei derbyn, canys gofala Ef amdanom.

Yr oedd y ferch bedair ar ddeg oed yn dlws ryfeddol – cei weld ei llun pan ddown adref – yn ei gwisg dlodaidd, blaen a llwyd, a'i gwallt o'r golwg dan gadach wrth gwrs. Crogai mwclis o ambr am ei gwddf a breichled a modrwy ar ei llaw, a'i gwên yn serennu'n ofnus pan fedrwyd ei chornelu o'r diwedd yn ei swildod arddegol o flaen camera dy dad. Buve oedd enw'r ferch bump oed a hon, yn ôl pob golwg, oedd cannwyll llygad ei thad. Hi oedd yn cael bod yn y golwg am ei bod yn ddigon ifanc, tra cadwai'r fam a'r genethod hŷn i encilion y gegin bach. Hi oedd yn cario'r te oddi yno i'r gegin inni hefyd. Te cardamom melys a gawsom a chacen fach gydag ef, a'r croeso a'r teimlad a ddeuai gyda'r baned yn gynnes iawn iawn. Gulam a'i deulu annwyl oedd yr unig bobl inni eu cyfarfod yn y wlad hon na wnaethant ofyn am ddim na cheisio gwerthu dim inni. Buasem ninnau wedi eu sarhau petasem wedi cynnig talu am y te. Wedi inni dynnu ychydig luniau o'r teulu ac addo eu hanfon iddynt, am un peth yn unig y gofynnodd y gŵr bonheddig hwn: 'Dywedwch wrth bawb amdanom yma,' meddai'n benisel, 'a dywedwch fod Gulam yn dywysydd da ers talwm.' Yr oeddwn bron crio yn gadael eu cartref o groeso, a rhennais, yn frysiog, unrhyw beth allwn gael gafael ynddo o waelod fy mag i'r genethod bach. Yr oeddynt yn falch o feiros a llyfrau nodiadau bach glân – fel petawn wedi rhoi rhywbeth gwir werthfawr iddynt, ond hoffaf feddwl heno eu bod wedi deall fy mod innau yn rhoi fy ychydig o'r galon, fel y rhoddasant hwythau i ni. Yr oeddynt yn byw'n ddigon agos i ysgol i allu ei mynychu, ond yn yr ieithoedd Hindi ac Urdu y caent eu haddysg oll, yn hytrach na Chashmiri, iaith gyntaf plant yr ardal. Anodd fydd anghofio wyneb trist a didwyll Gulam o dan y mop cyrliog du ac afreolus, ynghanol yr holl ferched, a hwythau i gyd yn hanner ei addoli fel gŵr a thad. Dyna hafoc a wna rhyfel i'r byw, heb sôn am y marw, a difetha bywydau teuluoedd annwyl a diniwed. 'Dywedwch amdanom,' meddai wedyn wrth ffarwelio. 'A dyma fi'n gwneud.'

Coed afalau ym mhobman ar ochrau'r lonydd wrth inni ddychwelyd braidd yn benisel o'n te bach yn ôl i'r cwch. Y dyffryn yn un berllan ffrwythlon, fawr ar ei hyd. Pob coeden yn drwm o 'Fala, fala filoedd' a'r dywediadau bach od Saesneg yma hyd y ffordd:

Better Mr Late
Than late Mr.

Break the speed,
That's the need.

Annifyr meddwl ein bod yn mynd oddi yma fory (os cawn le) ond mae'n lle anodd iawn i bobl druain y wlad fyw. Er hyn, gellir dweud iddi fod yn wlad hapus iawn unwaith. Mae rhyw agosatrwydd diniwed a hoffus yng ngwneuthuriad pobl y rhan yma o'r byd, a'u papurau newydd Saesneg yn frith o ryw Saesneg hen ffasiwn, oes yr ymerodraeth. Ni allaf lai na chredu mai un rheswm pwysig dros dwf Saesneg fel iaith y byd yw'r ffaith ei bod, yn ei hanfod, yn iaith seml iawn, a'i bod mor hawdd dysgu geirfa Saesneg sylfaenol fel ail iaith. Yna mor hawdd yw cael mynediad ati ym mhobman, a thrwy bob cyfrwng. Y Saesneg sylfaenol hon a geir mewn llawer gwlad drwy Affrica a'r Dwyrain Pell.

Mi wyddost am y pethau od yn y papurau newyddion; y defnydd hen ffasiwn i ni o'r iaith a'r gwallau argraffu fel ag a geir yn Gymraeg pan nad yw'r argraffwyr yn medru'r iaith. Ym Mangladesh y cafodd dy dad hon: 'Tables nine and ten show capacity and occupancy factors for train defarting from the stations'. A dyma deitl rhyfeddol i erthygl mewn papur newydd: 'Winter likely from mid-Nov'. A beth am: 'From our Correspondent: Hobby of Collecting Names and Addresses of Dead Persons' neu 'Floating Girls creating Problems in Barguna'. Yr wyf yn bur ffond o enwau siopau a'r posteri a'r lluniau od sy'n cael eu paentio y tu allan i'r siopau. Mae rhai da y tu allan i siopau deintyddion yn Dhaka ac mae un o'r siopau bach ar y llyn yn Srinagar o'r enw Cheap John – teiliwr.

Heno, ysgrifennodd dy dad yn y llyfr ymwelwyr yn y cwch ei fod yn gobeithio'r aiff byddin India adref yn fuan; fod Kashmir yn haeddu gwell. Gwlad dan ormes yw hi.

Yr wyf yn gobeithio y cawn fynd oddi yma fory, er imi fawr fwynhau fy hun drwy'r cwbl a dysgu llawer, ond a bod yn hunanol, yr wyf wedi blino gweld y gynnau ym mhob man a theimlo ar bigau drain ar hyd yr adeg. Mae cyn lleied o ymwelwyr yma fel na chawn eiliad o lonydd heblaw am yr amser yr ydym yn ein gwely, a hyd yn oed wedyn mae rhywrai'n sicr o hel am sgwrs wrth-gyrffywaidd ar glwt bach o dir sydd bron dan ffenest ein hystafell wely. Nid yw'n deimlad braf gweld cenedl wedi ei hiselhau fel hyn, yn gorfod sleifio i ffwrdd yn sydyn pan welant lorri'n llawn milwyr yn dod, a'r barilau hyllion yn pwyntio atynt o bob cyfeiriad. Ar adegau, mae arnaf ofn yma. Ac mae gen i hiraeth am fy mhlant!

Nos dawch,
Mami.

Delhi.

9fed o Awst, 1993.

Annwyl Loli,

Codasom am saith a chychwyn chwarter awr wedyn. Archwiliwyd ni – ein cyrff a'n bagiau oll, a'r car, ddwywaith gan y fyddin cyn hyd yn oed gyrraedd y maes awyr. Bu'n rhaid agor ein bagiau a chwilio drwy fy mag llaw y ddau dro.

Eistedd wedyn am ddwyawr mewn cwt poeth o ystafell aros heb gael mynd ar gyfyl prif adeiladau'r maes awyr, gan ddilidalian am amser a gwneud pob migmas ar y dynion yr oeddem yn meddwl allasai fod wedi cael ein harian llwgrwobrwyo. Daeth galwad toc ar i bawb oedd yn yr ystafell aros glawstroffobig hon, ac a oedd yn meddwl efallai eu bod ar y rhestr aros, ddod i ymgynnull wrth rhyw ddrws. Buom ein dau'n hir cyn deall beth ddywedwyd, ond cawsom ein hunain yno yn y sgrym gan ymuno â'r ffrwgwd a'r ymwthio poenus. Yr oeddwn yn benderfynol 'mod i'n dod adref, ac ymwthiais yn un powldan i'r ffrynt gan adael dy dad i ymlafnio â'r bagiau. Yn rhyfeddol, cefais fynd drwodd gan y dyn pwysig oedd yn dweud pwy oedd i gael mynd a phwy nad oedd yn cael mynd, ac wn i ddim a oedd rhywfaint o'n bycshîs wedi cyrraedd hwn ai peidio. Efallai fod ein dyn ticedi wedi dweud wrtho am adael i wraig hen, wen, dew, efo gwallt a dillad blêr a dolur annwyd Hitleraidd fynd drwodd yn ddilyffethair (a'i gŵr y tu ôl iddi!). Gwaeddais yn goman, 'And my husband, and my husband!' a gwnaethpwyd llwybr main iddo, diolch byth. Credaf mai'r ail neu'r drydedd awyren oedd hon, ond yr oedd yn mynd i Ddelhi. Unwaith eto, archwiliwyd ni – gorff ac enaid – a'n llyfrau, pwrs bach pres a phopeth. Chaem ni fynd â dim gyda ni ar yr awyren, dim ond pwrs bach neu waled a llyfr, a chyndyn iawn oeddwn o adael fy mag llaw yn yr howld. Archwiliwyd ni wedyn ac wedyn; gorfu inni dynnu ein hesgidiau hyd yn oed. Poenid yr archwilwyr yn arw gan fy mhwmp asma a bu'n rhaid imi ei chwistrellu i'm ceg lawer gwaith cyn cyrraedd bwrdd yr awyren i ddangos iddynt beth oedd, a phrofi nad rhyw fath o chwistrell angheuol ydoedd, oedd i lorio pawb ar yr awyren cyn eu herwgipio i gyd i Duw a ŵyr ble. Saith archwiliad fu i gyd cyn cyrraedd bws yr awyren, heb sôn am lenwi ffurflenni rif y gwlith, ac erbyn diwedd hyn oll gwelwyd fi'n fwmio ar fws am yr awyren a'th dad yn dal i lenwi ffurflenni dibwynt yn rhywle. Finnau wedyn ar yr awyren hebddo ac yntau yng Nghashmir yn ddibasbort gan fod y ddau gen i. Ond fe ddaeth, ar fws arall, diolch byth. Rhaid imi gyfaddef imi deimlo rhywfaint o ryddhad wrth godi i'r awyr, ar ôl strach yr oriau olaf yn y wlad drist hon.

Digon cythryblus fu'r siwrnai'n ôl i Ddelhi o ran tywydd, a'r storm yn rhy ddrwg iddynt fedru cario bwyd inni. Cyraeddasom yn ôl i'r un gwesty â chynt, a'r un llofft hyd yn oed, a chymerodd chwe awr o ddrws y bad i ddrws y gwesty. Teimlo wedi ymlâdd – fu paned o goffi erioed gystal a bydd y cwrw oer yn flasus heno ar ôl ein gwyliau ti-total a'i holl sudd afal. *Tashkent next stop!*

Siopa am fân betheuach i fynd adref efo ni y buom ni'r pnawn yma, gan feddwl mynd i gerdded o gwmpas yr hen ddinas yfory. Prynais fwclis i ti a *briefcase* lledr i Dafydd gael mynd i'w waith yn bwysig! Cawsom bryd ardderchog heno a bwyta gormod fel arfer. Mae gen i un cysur – yr oedd merched mawrion iawn yn y tŷ bwyta a chan eu bod yn gwisgo'r flows gwta arferol dan y sari yr oedd hanner y cefn a'r stumog yn bochio allan, ond neb i'w weld yn malio dim. Efallai fod bod yn dew mewn gwlad lle mae llawer heb ddim yn arwydd o gyfoeth a statws, gan ddangos eu bod yn gallu fforddio prynu lot o fwyd. Gwn y byddai'r Kabakas oedd yn frenhinoedd Buganda yn Uganda'n ymhyfrydu ym mloneg eu gwragedd – a th'wcha'n byd, gora'n byd oedd y drefn, a phan âi'r gwragedd yn rhy dew i gerdded, powlid hwy mewn berfâu. On'd ydym ninnau'n dal i ddweud yn Gymraeg fod rhywun yn edrych yn dda, ac yntau'n fwy na llond ei groen. Mae gan wŷr cyfoethog merched India foliau reit dda hefyd.

Edrychaf ymlaen at gael crwydro'r hen ddinas yfory. Mae dy dad yn dweud bod 1.1 miliwn yn y fyddin yn India – mae hyn bron yn hanner poblogaidd Cymru! Mae'r rhan helaeth ohonynt yng Nghashmir greda i. Mae dyn y tywydd ar y bocs heno'n addo gwres o 34° yn y ddinas hon yfory – byddwn yn foddfa.

Nos dawch a chariad mawr,
Mami.

Delhi.
10fed o Awst, 1993.

Annwyl Mam,

Nodyn bach cyn gadael. John wedi bod yn rhedeg i'r lle chwech ers hanner awr wedi tri, felly arhosodd yn ei wely y bore yma i geisio cael dipyn o gwsg. Minnau a'm coffi a'm pensel a phapur yn darllen a hel meddyliau am y gwyliau sydd ar ddarfod erbyn hyn. Wrth edrych ar y map gallaf weld pethau'n well ynglŷn â lle buom ni – talaith Jammu a Chashmir a'i phoblogaeth o bum miliwn fel rhan o India, a Jammu yn y rhan ddeheuol, lle mae gwlad wastad gogledd India'n graddol godi'n uwch ac uwch nes dod i odrau mynyddoedd yr Himalaya yng Nghashmir. Eu dwy brif iaith yw Kashmiri a Dogri, a gallaf weld ar ôl bod yno fod pobl dyffryn Kashmir yn llawer nes o ran crefydd, meddylfryd a thraddodiadau i bobl Pacistan nag i weddill India. Gresyn na chawsom fynd i Ladakh â'i Bwdistiaeth addfwyn yn y gogledd-ddwyrain. Ers annibyniaeth India mae Kashmir wedi bod yn dalwrn o ymdaro rhwng India a Phacistan. Wrth gwrs, mae Kashmir yn strategol bwysig i'r ddwy wlad; mae'n ffin rhyngddynt a hefyd yn ffin â Tsieina. Yn 1962 aeth Tsieina i mewn i Ladakh, ond ailsefydlodd India ei hun yno'n bur sydyn a bu'n bosib osgoi trasiedi Tibet yno.

Gyda'r nos.

Doedd John fawr gwell erbyn canol dydd ac ni fu Hen Ddelhi inni heddiw. Yr oeddwn innau'n cael mini-cynhyrfiadau o ofn bob hyn a hyn wrth gofio am rai o ysbytai erchyll y Trydydd Byd y bûm i ynddynt cyn heddiw, er, rwy'n berffaith sicr fod lleoedd da iawn yn Delhi am bris. Bu'n ei wely drwy'r dydd yn wan fel blewyn, yn ddigon cwla gan fod popeth yn mynd drwyddo'n syth. Bu raid imi ei adael am dipyn i grwydro siopau Delhi i ddarfod cael anrhegion i bawb. Yr oedd arnaf ofn mynd ar goll yn y cymhlethdod o strydoedd braidd, ond neidiwn ar *ricsho* bob yn ail â cherdded.

John yn damnio'n arw na chawsom weld yr hen ddinas. Prifddinas India Foslemaidd oedd yr Hen Ddelhi rhwng y ddeuddegfed ganrif a'r bedwaredd ganrif ar ddeg. Prydain greodd y Ddelhi Newydd a hi, erbyn heddiw, yw prifddinas

India. Ei phrif ieithoedd yw Hindi, Urdu a Phunjabi. Gwelir ôl cynllunio manwl ar y dref newydd, gyda llawer o barciau gwyrddion a chynllun y dref ar ffurf olwyn, gyda'r holl ffyrdd yn deillio o'r canol fel ei breichiau. Cynlluniwyd hi gan Lutyens yn 1911 i gymryd lle Calcutta fel prifddinas, er bod o leiaf wyth dinas wedi bod yn yr ardal o gwmpas Delhi. Mae olion hen, hen fosg yno yn yr hen ddinas (a buaswn wedi gwirioni cael gweld hwnnw), lle gweddïodd Tamarlane pan oedd yn cyrchu ar India.

Cawsom hanes Pen-y-bryn, Abergwyngregyn ar y teledu yma'n hwyr neithiwr. Rhywsut mae'n biti fod y byd wedi mynd mor fach. *Air Uzbekistan* yfory a byddaf adref cyn ichi gael y llythyr hwn. Wedi mynd yn bur hesb o newyddion gwlad bell.

> Cariad mawr,
> Gwenllian.

Annwyl Dafydd,

Erbyn y cei di hwn, byddwn ni adref a byddwn wedi dy ffônio am sgwrs lawer gwaith mae'n siŵr. Mae fflio efo'r Uzbekiaid yn dda iawn – tair sedd rhwng dau ohonom ac awyren newydd sbon danlli. Genod clên yn gweini ac yn mynd i llnau'r peti bob tro'r oedd rhywun wedi bod yno, a mwy o le i goesau na British Airways. Nid oeddem yn rhy siŵr a oedd bwyd arni ai peidio am bris mor rhad. Os nad oedd, yr oedd gennym fag o *foiled sweets* ac un paced o grisps, rhag ofn. Eisteddai hogan ag oglau chwys go ddrwg arni gyferbyn â mi ac nid oedd hyn yn rhy sawrus, ond gallem obeithio ei bod yn gadael yr awyren yn Tashkent. Y gerddoriaeth Uzbekistanaidd yn ddieithr iawn i'r glust, ond heb fod yn fyddarol.

Erbyn tua un yn y prynhawn yr oeddem yn ehedeg uwchben mynyddoedd mawrion a brown tywyll, heb eira ar eu copaon ond yn hytrach ambell i glwt o eira yn eu ceseiliau; yna, codi'n uwch ac i ganol rhai mwy fyth ag eira arnynt oll. Nid oes *trimmings* fel llyfr gyda mapiau ynddo ar yr awyren hon i ddangos pa ffordd yr ydym yn hedfan. Yr Hindu Kush ac Affghanistan ydynt mae'n debyg. Cawsom ginio bach desant o reis a chyrri ffacbys a chyw iâr, a glasaid o win sâl o Sbaen. Henwr o Sikh o'n blaenau ac wedi tynnu ei dyrban. Yr wyf wedi gweld llawer i Sikh ifanc heb ei dyrban ac wedi dysgu wn i ddim faint o'r bechgyn bach gyda chocyn gwallt ar eu pennau cyn iddynt fod yn ddigon hen i wisgo'r tyrban, ond dyma'r tro cyntaf imi weld cocyn gwyn ar hen ŵr a'i farf yn hir iawn a gwyn hefyd. Indiad bach llywaeth iawn yr olwg gyferbyn â ni. Yr oedd yn anllythrennog ac yn gorfod gofyn i rywun arall lenwi ei ffurflen glanio. Wyt ti'n cofio fel y byddai'r heidiau o Fangladeshiaid yn dod i'r awyren yng ngwledydd y Culfor, i fynd adref ar ôl tymor hir o waith, a phawb arall oedd ar yr awyren yn llenwi eu ffurflenni drostynt? 'Sgwn i pam mae Indiad anllythrennog y mynd i le fel Tashkent? Teimlo'n bur eiddigeddus – meddwl am gael gweld y fan honno, a Samarkand heb fod ymhell . . . rhyw dro eto, efallai . . . Byddai heidiau o Fangladeshiaid ifanc yn hedfan o Dhaka i Gathmandu gan wisgo dau neu dri phâr o jîns a mwy nag un crys T, yr oll yn rhan o ryw sgêm smyglo dillad, a neb yn cymryd fawr o sylw ohonynt yn gwisgo'r pynnau yma amdanynt ynghanol pawb yn ystafell aros maes awyr Dhaka, nac yn mynd drwy'r *customs* yng Nghathmandu. Mae gennym awr neu ddwy yma yn Nhashkent – gresyn na bai'n hirach – diwrnod neu ddau efallai, a chaem ddiflannu i lawr y Ffordd Sidan i Samarkand a'r holl leoedd â'r enwau lledrithiol y mae ond eu hynganu'n fy anfon i freuddwydio am yr hyn a fu'r ffordd hyn.

Ar yr awyren.

Mae'r mynyddoedd mawrion brown hyn, sef godrau gorllewinol yr Himalaya, yn sicr o fod gyda'r mwyaf dinabman yn y byd. Mynyddoedd ar ôl mynyddoedd gydag ambell i ddyffryn i'w weld, a hyd yn oed y rheiny'n hollol ddiffrwyth ac yn lliw brown eto. Mae'r mynyddoedd yn diflannu wedyn ac yn troi'n anialwch mawr llwytfrown a'r un mor ddinabman. Turkmenistan efallai? Roeddem yn hedfan yn isel erbyn hyn a John a finnau'n chwarae gêm: beth petaem yn gorfod glanio yn yr anialwch hwn a gorfod aros yn y lle diffaith fel yn y llyfr *Alive* a phwy fuasem yn ei fwyta petai hi'n rhaid arnom i fwyta'n gilydd, petaem ein dau'n ennill y byrra'i docyn i gael byw! Dewisodd John hogyn bach tew oedd yn cnoi fferins ar hyd y ffordd yn ddiddiwedd. Fy newis i oedd Sikh tew, tebyg iawn i Pavarotti.

Does dim rhyfedd i John fod mor sâl ddoe (mae'n iawn heddiw). Cawsom fwyd echdoe oedd yn cael ei wneud yn y fan a'r lle, toes a llysiau, sef nionod, chili poeth ac ati ar ei ben. Dywed dy dad yn awr mai gyda'i ddwylo pyg yr oedd y cogydd yr rhoi'r llysiau ar y toes, *paratha* neu *naan* neu beth bynnag oedd o. Digon tebyg fod y dwylo'n bur fudr. Wnes i ddim bwyta yno, dim ond yfed.

O'r awyr edrychai Tashkent yn dref fawr iawn. Y cwbl welwn ni yma yw tu mewn y maes awyr budr a blêr a thlodaidd iawn. Edrycha fel lle o ffilm ysbïwyr – wedi mynd â'i ben iddo, ffenestri budron a rhai wedi malu, paent yn plicio a phobl yn edrych yn ddiamynedd a thrist. Mae'r hogan ogla chwys yn eistedd wrth ein hochr. Yma, i'n hadnewyddu yn y gwres uffernol, mae tua dwsin o boteli o ddŵr claear. Mae hi'n chwarter i naw yn y nos yn Nhashkent ac yn chwarter i bedwar gartra. Byddwn yn Llundain erbyn saith y bore (wnawn ni ddim ffônio i dy ddeffro'n rhy fore) ac adra ffwl pelt wedyn.

Cariad mawr,
Mami.